I0707800

LA DISCIPLINE DES NAVY SEAL

Comment développer la mentalité, la volonté et l'autodiscipline des forces spéciales les plus redoutées au monde

Robert Mercier

Copyright 2021 de Robert Mercier.
Tous droits réservés.

Les informations contenues dans ce livre sont de nature informative et générique, elles doivent donc être utilisées uniquement à des fins éducatives et non pas pour établir un diagnostic sur soi-même ou sur d'autres personnes, NI à des fins thérapeutiques, NI pour l'automédication. Sous AUCUN PRÉTEXTE, les informations contenues dans ce livre ne doivent remplacer un avis médical. Le lecteur est donc invité à consulter dans TOUS les cas son médecin pour obtenir un avis professionnel sur son état de santé et sur tout traitement à adopter. La responsabilité des auteurs ne saurait être engagée pour tout dommage, de quelque nature que ce soit, que l'utilisateur, tirant des informations de ce rapport, pourrait causer à lui-même ou à des tiers, résultant d'une utilisation impropre ou illégale des informations ici rapportées, ou d'erreurs et d'inexactitudes liées à leur contenu, ou d'interprétations libres, ou de toute action que le lecteur pourrait entreprendre indépendamment et en dehors des indications de son médecin.

Sommaire

Avant de commencer à lire, veuillez suivre le code QR suivant pour télécharger un livre gratuit intitulé **"Les 7 secrets de la communication persuasive".**

Un petit guide pratique qui vous donnera les connaissances nécessaires pour améliorer vos capacités de communication, parfaitement complémentaire au livre que vous allez lire.

Le télécharger est très simple : prenez votre smartphone et encadrez ce QR Code avec votre appareil photo.

Introduction

"La journée facile, c'était hier."

Les Navy SEALs, pour ceux qui n'en ont jamais entendu parler, sont la principale force d'opérations spéciales de la Marine américaine, l'équipe d'élite la plus célèbre et la plus emblématique du monde. Ce sont eux qui effectuent les missions dangereuses et délicates, comme sauver des otages ou capturer des terroristes ou des dictateurs.

Leur travail est donc physiquement, émotionnellement et mentalement exigeant : la plupart des gens qui s'engagent dans cette route ne parviennent pas à suivre l'entraînement des Navy SEALs.

Mais il faut savoir que les Navy SEALs sont particulièrement célèbres pour une qualité : la capacité de (presque) **toujours** obtenir un résultat. Et nous parlons de résultats extrêmement difficiles avec une chance minime de succès, et certainement pas d'une promenade de santé.

Vous vous demandez sans doute ce qui rend ces professionnels si efficaces et quel est leur secret. Ce qui distingue les Navy SEALs et sépare les candidats admis de ceux qui sont renvoyés chez eux, c'est une qualité dite de *force mentale*.

Il est évident que la force mentale n'est pas nécessaire pour réussir juste pour ceux qui veulent devenir des Navy SEALs : au contraire, elle est importante pour tout le monde. Quel que soit votre objectif, il vous faudra de la force mentale pour faire ce qu'il faut pour l'atteindre.

Comme mentionné précédemment, le secret réside dans le *conditionnement mental*. Vous devrez régulièrement faire preuve d'initiative, surmonter les échecs, les obstacles et les revers, ignorer les critiques gratuites et rester motivé, même lorsque la situation se complique. Ce conditionnement mental transforme les Navy SEALs d'abord en **personnes** capables d'obtenir n'importe quel résultat, et ensuite seulement, en soldats capables d'obtenir n'importe quel résultat.

Se pose alors la question de comment développer vous aussi la force mentale des Navy SEALs. Et la réponse est : en apprenant d'eux et en s'inspirant de leurs techniques afin de l'appliquer à votre propre vie. Vous trouverez ci-dessous des compétences et des astuces mentales propres aux Navy SEALs pour gagner en discipline et vous maintenir en excellente forme physique, émotionnelle et mentale, afin de pouvoir travailler sur vos objectifs et continuer jusqu'à les atteindre.

Plusieurs Navy SEALs ont écrit des livres sur leur entraînement et sur comment ils ont appris à être forts mentalement et physiquement pour pouvoir survivre aux situations potentiellement mortelles auxquelles ils sont régulièrement confrontés.

Lorsque les Navy SEALs se préparent à une mission, ils sont clairement informés de la situation qu'ils vont rencontrer. On leur dit ce qu'ils vont affronter et ce à quoi ils doivent s'attendre. Par exemple, s'ils doivent sauver quelqu'un sur un bateau, ils recevront ce type d'informations :

- On leur donnera le plan du bateau ;

- On leur dira le nombre de personnes à bord ;

- On les informera des armes qui peuvent se trouver à bord ;

- • On leur montrera comment se déplacer dans le bateau sans être repérés ;

- • On leur communiquera où se trouve la cible, et ainsi de suite.

Cependant, dans presque 100 % des cas, les choses ne se passent pas comme prévu. Par exemple, une fois à bord, les Navy SEALs peuvent être bloqués par un mur qui n'était sur aucun plan, ou des caméras ayant changé d'angle. Que fait un Navy Seal à ce moment-là ? Certainement pas ce qui suit :

- Il cherche sur qui rejeter la faute de ne pas avoir su qu'il y aurait un mur à cet endroit-là

- Il se plaint : "Et voilà, un mur dont personne ne m'a parlé ! " ou " Qu'est-ce qu'on fait maintenant ? "

- Il abandonne et fait demi-tour

Si les Navy SEALs réagissaient ainsi, ils seraient certainement tués. Par conséquent, ils incluent au contraire automatiquement ce mur dans leurs calculs. Plus précisément : Ils reconnaissent et acceptent immédiatement qu'il y a un mur

- Ils s'adaptent à la situation avec calme et sang-froid

- Ils retournent la situation à leur avantage et trouvent une solution.

Ceci est donc un échantillon de leur conditionnement mental : si vous voulez être discipliné, vous devez apprendre à vous remettre rapidement de vos échecs. Ignorez cette tendance de votre esprit à discuter et à polémiquer sur la situation, et répétez-vous : "Reconnais, accepte, adapte-toi, agis."

1. Qui sont les Navy SEALs ?

L'Histoire des Navy SEALs

Les équipes SEAL (Sea, Air, Land) d'aujourd'hui remontent au premier groupe de volontaires sélectionnés parmi les ingénieurs du Naval Construction Battalion (SeaBees) au printemps 1943. Ces volontaires ont été répartis en équipes spéciales appelées Naval Combat Demolition Units (NCDU). Ces unités étaient chargées de retirer et de détruire les obstacles sur la plage pour les troupes de débarquement amphibies.

Les NCDU se sont distingués pendant la Seconde Guerre mondiale sur le théâtre d'opérations atlantique et pacifique. En 1947, la Marine a organisé ses premières unités d'attaque offensives sous-marines. Pendant le conflit coréen, ces équipes de démolition sous-marine (UDT, Underwater Demolition Teams) ont participé au débarquement d'Incheon et à d'autres missions, notamment des raids de sabotage de ponts et de tunnels accessibles depuis l'eau. Ils ont également mené des opérations de dragage limité aux ports et aux rivières.

Au cours des années 1960, chaque branche des forces armées a formé ses propres forces anti-insurrectionnelles. La Marine a utilisé le personnel de l'UDT pour former des unités à part, appelées équipes SEAL. En janvier 1962, la SEAL Team ONE dans la flotte du Pacifique et de la SEAL Team TWO dans la flotte de l'Atlantique prennent du service. Ces équipes ont été entraînées pour mener des guerres non-conventionnelles, des guérillas et des opérations clandestines dans des milieux aquatiques.

Parallèlement, des groupes de soutien aux opérations navales ont été formés pour aider l'UDT, les SEAL et deux autres unités uniques (le soutien aux bateaux et les Beach Jumpers) en termes d'administration, de planification et de recherche et développement. Pendant la guerre du Vietnam, les UDT ont effectué des missions de reconnaissance et mené de nombreuses opérations offensives. En 1967, les groupes de soutien aux opérations navales ont été rebaptisés Naval Special Warfare Groups (NSWG) à mesure qu'ils participaient aux conflits limités et aux opérations spéciales.

En 1983, les UDT existants ont été refondus en équipes SEAL et/ou en équipes de véhicules de livraison SEAL. La reconnaissance hydrographique et la démolition sous-marine sont tombées ensuite sous l'égide des SEALs.

Le commandement de guerre spéciale navale est commissionné le 16 avril 1987 à la Naval Amphibious Base de Coronado, Californie. Sa mission consiste à préparer les forces navales à remplir leurs missions et à concevoir des stratégies, des doctrines et des tactiques pour les opérations spéciales.

Les équipes SEAL (Sea, Air, Land) suivent ce que certains considèrent comme l'entraînement militaire le plus difficile au monde. La formation initiale se déroule au Naval Special Warfare Center de Coronado. Les aspirants surmontent des obstacles qui développent et testent leur endurance, leur aptitude au commandement et leur capacité à travailler en équipe.

Les SEAL actuels sont donc les descendants d'experts en démolition de sous-marins et de bandits de la Marine qui accostaient pour détruire les câbles téléphoniques et les lignes ferroviaires pendant la Seconde Guerre mondiale, ou qui nageaient au large de la Normandie ou d'Okinawa pour retirer les mines et les pièges anti-aériens. Au Vietnam, ils se déplaçaient dans et hors de la jungle, depuis les berges des rivières jusqu'aux rizières, ce qui leur a valu d'être surnommés par les Vietnamiens les "hommes au visage vert". Ils ont été parmi les premiers à débarquer à La Grenade, au Panama, en Bosnie, en Somalie ou en Afghanistan. Ils font partie des unités militaires les plus décorées au monde, bien que parmi les moins nombreux. Chaque jour depuis des dizaines d'années, ils opèrent partout dans le monde, évitent les couvertures médiatiques et accomplissent leurs missions dans l'ombre.

Aujourd'hui, les SEALs continuent d'inclure des techniques de leadership et de team building basées sur une communication efficace, une loyauté à toute épreuve, un travail de qualité, une forte culture de l'innovation. La méthodologie SEAL est utilisée comme base pour le top management et le team building en entreprise. Leur philosophie et leurs valeurs constituent la base de la réalisation permanente d'objectifs ambitieux.

Comment les Navy SEALs sont-ils formés ?

Les Navy SEALs sont célèbres pour être la force spéciale la mieux entraînée de l'armée américaine. Certains vont jusqu'à dire qu'ils constituent la force spéciale la mieux préparée au monde. Pour devenir un Navy Seal, un candidat doit réussir plusieurs épreuves, dont la fameuse épreuve de démolition sous-marine de 6 mois appelée Bud/S (Basic Underwater Demolition/SEALs). Il s'agit du mode d'entraînement de l'armée le plus épuisant physiquement et moralement ; on laisse dormir les cadets moins de quatre heures pendant toute la "Hell Week" (soit "la Semaine Infernale" en français).

L'objectif de l'entraînement Bud/S est de tester la volonté et la force mentale d'un soldat afin d'éliminer les candidats qui ne sont pas assez préparés mentalement pour rejoindre les Navy SEALs.

Bien que les candidats Bud/S de ces dernières années soient en meilleure forme physique, le taux d'échec tourne toujours autour d'une moyenne historique de 75 %. Les psychologues en ont déduit que ce n'est pas la force physique qui fait la différence dans le Bud/S, mais plutôt la force mentale et la résilience. Ces psychologues de la Marine ont étudié les 25 % de candidats qui ont réussi à suivre la formation complète, afin de déterminer quels traits de caractère ils avaient en commun pour devenir des Navy SEALs.

Il existe quatre traits de caractère que tous les SEALs possèdent, et qui les rendent mentalement assez forts pour endurer douleur physique et fatigue au quotidien. On les appelle les « quatre piliers de la force mentale » :

- la définition d'objectifs
- la visualisation mentale
- le dialogue intérieur positif
- le contrôle de l'excitation

La définition d'objectifs

Ce pilier ne devrait pas être une surprise, car tous ceux qui réussissent se fixent régulièrement des objectifs à atteindre. Cependant, les SEALs ne se contentent pas de fixer de vagues objectifs. Au contraire, leur méthodologie est rigoureuse. Pour définir des objectifs concrets, ils les décomposent en micro-objectifs : en objectifs à court, moyen et long terme. Au lieu de considérer la fin de la formation de six mois comme un objectif en soi, les candidats qui ont réussi le Bud/S ont divisé ces six mois en objectifs hebdomadaires, quotidiens, horaires et même en objectifs à la minute. Par exemple, lors d'un entraînement de 90 minutes à 6 heures du matin avant le petit-déjeuner, un candidat moyen se concentrera simplement (et exclusivement) sur la réalisation de cette série de 90 minutes. Cependant, le candidat retenu analysera cela plus en profondeur, et se concentrera sur une seule série d'exercices à la fois. Se fixer des objectifs à court terme, précis et simples, permet à l'esprit de se concentrer sans distraction externes.

Des micro-objectifs à très court terme associés à des objectifs à plus long terme permettent aux Navy SEALs d'avoir autant de succès au travail que dans leur vie quotidienne.

La visualisation mentale

La visualisation mentale est utilisée depuis longtemps par les athlètes olympiques et les musiciens de renommée mondiale pour compléter, renforcer ou améliorer leurs compétences et même leur carrière. Certains psychologues pensent même que l'exercice mental est un entrainement tout aussi important que l'exercice physique.

À Bud/S, les candidats les plus brillants utilisent la visualisation mentale pour surmonter la difficulté de ces six mois. Au cours de la deuxième phase de la formation Bud/S, un des exercices exige qu'ils portent un équipement de plongée pour effectuer diverses procédures d'urgence et des actions pour résoudre certaines situations tout en étant équipés. Tout cela doit être réalisé entièrement sous l'eau.

Ce n'est pas tout : pendant l'exercice, les instructeurs attaquent les aspirants et leur coupent l'oxygène, les laissant au fond de l'eau sans aucun équipement respiratoire. Si l'instructeur estime que l'élève n'est pas assez calme ou est trop anxieux pendant l'exercice, l'élève échoue. Cet exercice est l'un des plus difficiles à être abordé pendant les six mois du Bud/S.

Les psychologues de la Marine ont constaté que ceux qui ont réussi l'exercice du premier coup ont utilisé l'imagination mentale pour s'y préparer. En d'autres termes, ils ont imaginé qu'ils effectuaient correctement les différentes actions tout en étant attaqués. C'est le meilleur moyen d'entraîner son esprit à se préparer à l'exercice. Et pendant l'exercice (et l'attaque), l'esprit est prêt et le soldat a le contrôle de ses facultés physiques et mentales. En effet, se préparer mentalement en amont de la situation réelle fait que le cerveau opère de manière beaucoup plus efficace, car il a déjà surmonté les problèmes (bien qu'uniquement mentalement!) et est donc prêt à les affronter à nouveau.

Ainsi, chaque fois que vous serez confronté à un objectif ou à une tâche difficile, visualisez-vous en train de les réussir, à plusieurs reprises. Cette visualisation constante sert à préparer l'esprit à ce qui est à venir. Si l'esprit persévère, généralement le corps suit.

Dialogue intérieur positif

Plusieurs fois par jour, vous avez des conversations avec vous-même, souvent sans vous en rendre compte. Ce dialogue intérieur n'est pas toujours positif ou productif, vous vous dites parfois que vous n'êtes pas assez bon ou que vous ne pouvez pas faire quelque chose.

Ceux qui réussissent le cours Bud/S bloquent tous ces commentaires négatifs sur eux-mêmes et n'utilisent que les conversations positives pour se motiver constamment à aller de l'avant.

De nombreux SEALs se rappellent constamment que d'autres avant eux ont suivi cette formation et qu'ils peuvent donc le faire aussi. Ils se répètent qu'ils devraient pouvoir réussir sans problème parce qu'ils sont en meilleure forme physique que leurs prédécesseurs. Ils s'ordonnent de continuer et de ne pas abandonner quoi qu'il arrive. En programmant notre esprit à penser de manière positive et factuelle, nous bloquons tous les doutes, les peurs et les projections que nous faisons sur une potentielle éventualité de désastre.

Parce que chaque minute de l'entraînement Bud/S est un test de force mentale, les SEALs doivent constamment faire appel au dialogue intérieur, parfois toutes les minutes, pour avoir le courage et la volonté de continuer. Avoir une conversation positive avec soi-même sert de rappel constant du succès et de la persévérance.

Le contrôle de son excitation

Le contrôle de votre état d'esprit est extrêmement important pour être mentalement résilient. Les

SEALs sont capables de contrôler leurs réactions physiques et psychologiques lorsqu'ils sont sollicités par des stimuli externes comme un danger. Lorsque notre corps est affaibli ou en danger, il libère des substances chimiques : le cortisol et l'endorphine. Ce sont ces substances chimiques qui rendent nos mains moites : notre esprit et notre cœur s'emballent, tout notre corps fonctionne anormalement. Il s'agit d'une réponse naturelle de notre corps au stress qui s'est développée au cours de millions d'années d'évolution humaine. Dans notre cerveau, il s'agit de l'activation du système limbique, parfois appelé "cerveau reptilien" à des fins marketing. Cette partie primitive de notre cerveau active la réponse "combat" ou "fuite" selon les situations. Il est donc tout à fait normal et inné d'avoir des réactions physiques de peur ou d'excitation, même si nous avons l'impression que nous avons la situation sous contrôle. Mais les SEALs apprennent à contrôler cette réponse naturelle à l'excitation afin d'être prêts à affronter les situations stressantes.

Une bonne respiration

L'une des méthodes enseignées aux SEALs pour contrôler leur excitation est la technique de respiration dite "en 4 × 4", également connue sous le nom de "box breathing". C'est un commandant des SEALs à la retraite qui en a révélé le secret, et la recherche scientifique a fait le reste, démontrant le lien entre la respiration, le contrôle de nos émotions et la façon dont nous agissons.

Celui qui contrôle sa respiration contrôle le monde... ou presque. Il est en tout cas plus à même de se contrôler lui-même et de maîtriser ses émotions, de régir ses émotions et ne plus se soumettre à elles. La technique de respiration en 4 x 4 est très simple à mettre en pratique : c'est pourquoi il ne faut pas se laisser abuser et continuer à la pratiquer avec constance, tous les jours. La force qu'on en tire se trouve dans la répétition régulière et non dans l'utilisation sporadique "au forfait".

Commencez par visualiser un carré dans votre esprit. Chaque côté du carré représente une phase du processus de respiration. Inspirez profondément pendant 4 secondes, retenez votre souffle pendant 4 autres secondes, expirez pendant 4 secondes, puis retenez à nouveau votre souffle pendant 4 secondes.

Pour commencer, ou si vous êtes dans un état d'excitation que vous voulez apaiser, vous pouvez simplement expirer tout l'air de vos poumons pendant 4 secondes, puis inspirer dans ce même laps de temps. Ce geste simple vous permet de rythmer votre respiration en la contrôlant. Vous devez le faire pendant au moins 1 minute pour réussir à contrôler votre excitation. Cette même technique est utilisée par les SEALs dans les situations d'urgence : ils inspirent et expirent simplement par les narines à intervalles de 4 secondes, sans jamais retenir leur souffle. Cela leur permet de vite retrouver le contrôle de la situation.

Avec la pratique, vous pourrez allonger les intervalles de la technique de "box breathing" jusqu'à 5 ou 6 secondes. En revanche, si vous êtes en difficulté, vous pouvez baisser l'intervalle minimum à 2 secondes. Ce n'est évidemment pas la seule méthode pour réduire le stress, mais l'une des plus utilisées et des plus efficaces. Essayez maintenant, vous remarquerez que, d'une certaine façon, vous êtes actuellement en état de stress et la maîtrise de votre respiration vous aidera à être plus concentré et plus reposé.

Les 8 conseils pour se préparer à devenir un Navy SEAL

Nous avons vu comment les Navy SEALs sont formés. Devenir un SEAL est toutefois un processus qui commence bien avant la véritable formation.

En termes de résultats, arriver à l'épreuve avec une bonne préparation mentale et physique peut faire toute la différence. Tous les candidats le savent et, rassurez-vous, personne ne se lance dans cette sélection "la fleur au fusil" !

Cela nous permet d'attirer l'attention sur un facteur très important : il est absolument essentiel de se préparer en fonction des objectifs que l'on veut atteindre. Cela s'applique également à ceux qui veulent rejoindre les Navy SEALs. La visualisation de l'objectif commence bien avant le premier cours. Sinon il serait impossible d'imaginer venir à bout de la fameuse "Hell Week".

Voilà pourquoi le taux d'échec est si élevé. Si huit candidats sur dix échouent, c'est à cause manque de préparation physique et mentale adéquate pour l'objectif qu'ils se sont fixé.

Nous avons bien dit "préparation physique *et mentale"*. Il ne s'agit pas seulement d'être en pleine forme. Une bonne masse musculaire ne vous servira à rien si vous n'êtes pas capable de la contrôler dans toutes les situations : en cas de stress, lorsque vous craignez pour votre sécurité, lorsque vous manquez de temps, lorsqu'il s'agit de prendre une décision difficile et pleine de responsabilités, c'est à la force mentale qu'il vous faudra faire appel. Certes, lorsque nous nous entraînons de manière intense, nous avons tendance à faire appel à cette force mentale, comme surpasser nos limites ou ne pas se laisser démotiver. Mais pour les Navy SEALs, cela va bien au-delà de la simple motivation quotidienne. En effet, leur façon de voir les tâches à faire est complètement différente, et par conséquent leur vision sur les choses est beaucoup plus pragmatique que tout ce que nous pouvons imaginer.

Voici donc les 8 conseils qu'un ancien Navy Seal a synthétisé pour tous ceux qui souhaitent se présenter à Bud/S. S'ils sont utiles à ceux qui veulent rejoindre le corps spécial d'élite le plus prestigieux du monde, ils peuvent sans doute vous aider à atteindre n'importe quel objectif dans votre vie !

1. Créez-vous une forme physique parfaite

Parfaite veut dire parfaite. Pas "satisfaisante" ou même "bonne", juste parfaite. Ce qui signifie, dans la langue des SEALs, que vous devez être capable de faire mieux que d'être en grande forme. Repoussez vos limites, progressivement et sans exagération, veillez à les identifier et à travailler jour après jour à les atteindre et les repousser encore un peu plus loin. Là où vous ne pensiez pas pouvoir aller. En atteignant un objectif physique, vous vous mettez une "base" afin d'atteindre un nouvel objectif. Cherchez constamment à repousser vos limites et à chercher à comprendre jusqu'où votre corps peut aller. Car il peut aller bien plus loin que ce que vous ne pourriez penser.

Attention : pour réaliser cela, constance et habitude sont vos meilleures alliées. N'essayez pas d'avoir d'impressionnants résultats en une semaine, car ceci vous promet un échec garanti. Au contraire, soyez cohérent et régulier, planifiez vos entraînements et accrochez-vous à chaque fois que vous avez envie d'abandonner.

Pour votre information, les valeurs recommandées pour ceux qui veulent se préparer au Bud/S sont les suivantes :

- 500 m de natation en moins de 9 minutes

- 100 pompes en 2 minutes

- 100 abdominaux (sit-ups) en 2 minutes

- 20 tractions

- Course de 2,5 km en bottes et pantalon en moins de 9 minutes

C'est ce que tous les candidats Bud/S sont très probablement tenus de faire dès le premier jour. On estime le temps de préparation moyen pour atteindre ces résultats à un an : ce sont donc des objectifs à long terme et un entraînement constant qui sont les éléments clés pour atteindre des objectifs ambitieux.

2. Courez avec des rangers et nagez avec des palmes

En d'autres mots, habituez-vous à un niveau de difficulté élevé et accomplissez vos tâches dans l'adversité. Mettez-vous des obstacles qui vous ralentiront ou vous mettront dans des situations plus difficiles que vous aurez l'habitude de faire.

Il est conseillé aux aspirants SEALs d'apprendre à courir avec des rangers et à nager avec une paire de palmes rigides. Aux trois quarts de leur préparation au Bud/S, ils doivent alors franchir une nouvelle étape et s'habituer à atteindre les mêmes objectifs qu'avant... moins facilement.

Nous pouvons décliner ce conseil dans la vie de tous les jours, en nous rappelant qu'il est judicieux d'augmenter progressivement le degré de difficulté de ce que nous faisons, afin de ne pas risquer de nous habituer à une difficulté basique. Continuer nos tâches élémentaires, tâches que nous sommes parfaitement capables de réaliser brillamment, ne nous fera pas progresser à moyen et long terme. En plus de miner notre motivation !

La motivation est un moteur très puissant, mais elle a besoin d'un certain niveau de "risque" pour se déclencher : les tâches trop faciles sapent notre motivation naturelle. Habituez-vous donc à placer progressivement la barre plus haut. Et faites comme les SEALs : lorsque vous pensez avoir atteint le niveau optimal de préparation pour votre objectif, repoussez vos limites un peu plus loin. C'est le seul moyen de vous assurer d'être correctement préparé et de n'avoir aucun regret si vous échouez. La raison derrière ceci est tout simple : on n'arrive à rien si nous n'avons pas d'objectif à réaliser. Dès lors, si nous atteignons notre objectif, il nous faut concevoir l'objectif suivant, et ainsi de suite. Mais un objectif déjà atteint peut être plus difficile à atteindre si l'on se met soi-même des bâtons dans les roues. Après tout, peu seront les situations où nous pouvons courir de manière simple, avec une tenue de sport de haute technologie, sur une surface égale. La vérité, c'est que nous serons amené à courir avec ce que nous portons, sans préparation en amont, afin de sauver notre vie ou d'éviter un drame. C'est pour cela qu'il vous faut vous entrainer en recréant ces situations-là, plutôt que de se préparer de manière simple et idéale. Alors retroussez vos manches et préparez-vous au pire, afin d'en faire un allié.

3. Vous voulez commander ? Apprenez d'abord à collaborer

Un SEAL sait qu'il ne peut rien accomplir sans l'aide et la coopération complète du reste de son équipe. Pour les Navy SEALs, la collaboration est essentielle, il faut se sentir membre d'une équipe et agir en bonne intelligence avec les autres, sans chercher à faire les choses seul ou ne pas en aviser les autres, et encore moins chercher la gloire en se mettant soi-même et les autres en danger. La collaboration et la communication totale et transparente est la clé d'une mission réussie.

Il est conseillé à un aspirant officier du SEAL de se préparer à prendre le commandement et, en même temps, à être prêt à aider les autres. Personne ne peut tout faire tout seul, il est donc important de savoir déléguer tout comme être prêt à prendre en charge des tâches qui ne sont pas les nôtres. Mais n'allez pas trop loin, soyez toujours conscient de votre valeur et de votre position.

Si vous voulez obtenir de bons résultats, vous devez savoir coopérer et communiquer avec les autres. Vous devez apprendre à être un leader capable de motiver votre équipe et d'en faire ressortir le meilleur, de montrer le bon exemple et de motiver vos pairs par vos actions.

4. Gardez votre esprit critique

Vous pourriez penser qu'être un première année dans les Navy SEALs signifie recevoir de nombreux ordres et y obéir sans mot dire. Ce n'est pas tout à fait cela. Chez les SEALs, personne n'agit jamais complètement seul. Chaque action est le résultat d'un travail d'équipe total avec une confiance et une discipline intangible, le team-building est donc capital. Tous les membres d'une équipe apprennent à connaître les forces et les faiblesses des autres, et à les exploiter au profit d'un résultat commun.

Il n'est pas question de baisser la tête et d'obéir sans broncher. Il s'agit d'accomplir la mission qui a été assignée, mais sans perdre la capacité d'en évaluer les avantages et les inconvénients : l'objectif est d'être utile à son équipe en lui fournissant un feedback utile et complet. Dans une mission, chaque personne et ses actions ont une importance critique, et il est toujours question de vie ou de mort selon chaque décision et mouvements de chacun des individus. La collaboration et le travail d'équipe est plus nécessaire que jamais.

Vous pouvez adapter ces conseils à votre situation professionnelle en gardant en tête qu'il est important de faire ce que l'on vous demande, mais que vous pouvez toujours faire la différence en donnant un compte-rendu précis de ce que vous avez fait, en ayant une complète connaissance de vos forces, vos faiblesses, ainsi que celles des autres.Comme dit le dicton : "Tout le monde est utile, personne n'est indispensable". Vos observations peuvent aider votre équipe à faire un meilleur travail et à obtenir de meilleurs ou de plus rapides résultats.

5. Les grands objectifs prennent du temps

On rappelle systématiquement aux candidats Bud/S que la formation dure six mois. Pas six jours ou même six semaines, mais six longs mois.

Pensez-vous que ceux qui se présentent au cours l'ignorent ? Bien sûr que non. Mais, la plupart du temps, ils n'ont pas assimilé cette information essentielle. Devenir un SEAL est une question d'endurance et de résilience à long terme, pas des petits efforts à court terme.

Il en va de même pour les objectifs importants de notre vie. Sachez vous préparer, physiquement et mentalement, pour des performances à long terme, pas pour de rapides sprints. Dans votre vie, soyez un marathonien et non un coureur de cent mètres. Ce n'est qu'ainsi que vous pourrez atteindre votre objectif.

Si vous deviez courir un marathon et que vous ne vous soyez jamais entraîné que pour le 10 km, il vous serait tout de même possible de réussir.

Appelez ça de la chance, de l'effort ou une volonté exemplaire. Ce serait quoi qu'il en soit le résultat du hasard et non de la programmation. Mais à l'inverse, un marathonien peut aisément courir 10 km, car il s'est préparé mentalement et physiquement à bien plus.

Si vous souhaitez vous préparer au marathon des objectifs importants de votre vie, préparez-vous dans cette optique et non avec la mentalité de ceux qui ne pensent qu'à finir leur journée de travail et à se jeter sur leur canapé pour se reposer !

6. Préparation, préparation, préparation

Les Navy SEALs ne nient pas les difficultés qui caractérisent le Bud/S. Vous courez sur la plage, plus précisément au bord de l'eau : sur du sable compact, régulièrement lavé par les vagues de l'océan. Et vous nagez dans l'océan, pas dans une piscine calme. Les parcours incluent des obstacles réels et difficiles : des murs à franchir, des enceintes à escalader.

Impossible ? Pas si vous vous êtes déjà préparé au pire. Peut-être pas l'impossible, mais le plus haut niveau de difficulté que vous puissiez imaginer en toute objectivité. C'est pourquoi on conseille aux aspirants de Bud/S de s'habituer à courir avec des rangers sur la plage et à nager en eau libre, pas seulement en piscine. Plus vous vous préparez à des conditions extrêmes, plus tout vous semblera facile et achevable.

Il en va de même pour la vie de tous les jours : habituez-vous mentalement à l'idée de devoir dépasser des situations difficiles, préparez-vous le mieux possible, vous constaterez que surmonter les obstacles ordinaires du quotidien vous semblera un objectif à votre portée. Et lorsqu'une complication inhabituelle se présentera, vous serez prêt à l'affronter : votre corps et votre esprit auront déjà visualisé et fait face cette situation. Et vous aurez un coup d'avance sur 99% du reste de la population !

7. Décomposer les grands objectifs en sous-objectifs

Le régime alimentaire est un élément clé du métier de Navy SEAL. C'est encore plus vrai pendant la fameuse "Hell Week", la semaine infernale destinée à soumettre l'esprit et le corps des candidats SEALsSEALs à une gigantesque pression afin de faire le tri entre candidats admissibles et ceux qui sont voués à l'échec.

Pendant ces 7 jours, les aspirants reçoivent un repas copieux et nourrissant toutes les 6 heures. Pas une minute de plus, pas une minute de moins : pour surmonter les épreuves qui vous attendent, vous devez manger toutes les 6 heures. Les candidats doivent avoir un apport calorique régulier et suffisant pour pouvoir relever les défis extrêmes.

La "Hell Week" ne s'appelle pas ainsi par hasard : il s'agit d'une semaine véritablement infernale, capable de mettre l'esprit et le corps du candidat à rude épreuve. On conseille souvent les candidats de ne pas prendre le défi à bras le corps, car il est trop difficile pour leur niveau. Il faut l'aborder avec une approche de stratège, en divisant les 168 heures infernales en pavés de 6 heures. C'est là où l'instant nourriture devient clé, car il permet aux recrues de transiter entre les périodes, de se ressourcer, de remettre son cerveau sur la bonne voie, et de se préparer mentalement à ce qui les attend.

Les repas marquent la fin d'un pavé et le début d'un autre. Sur le plan moral, la stratégie se révèle très efficace : en décomposant l'objectif global en sous-objectifs plus facilement atteignables, la motivation reste forte et même sur le plan physique, on parvient à conserver l'énergie nécessaire pour continuer l'épreuve.

Lorsque la mission est vraiment difficile, ne regardez pas trop loin devant vous. Créez de petits objectifs à votre portée et concentrez-vous sur leur mise en œuvre méthodique. Vous constaterez que vous en viendrez plus facilement à bout, sans vous soucier des objectifs à long terme. Une fois ces objectifs longs connus, vous pouvez vous focaliser sur les éléments immédiats et donc avoir toute votre attention focalisée sur quelque chose de réalisable.

8. Habituez-vous à l'échec

Connaissez-vous une des punitions utilisées pendant le Bud/S ? Les recrues doivent plonger dans l'océan, en ressortir en courant et se rouler dans le sable. Vraiment. Vous imaginez comme c'est désagréable ? Personne n'aime être mouillé et avoir du sable qui colle partout, surtout pas quand il fait un effort conséquent.

Pourquoi cette punition ? Pour motiver les candidats. Sachant ce qui les attend le lendemain, une expérience désagréable et inconfortable, ils seront résolument plus motivés pour se dépasser. On recourt si souvent à cette punition que chaque fois qu'elles parviennent à l'éviter, les recrues se sentent privilégiées.

Il vous faut vous aussi vous habituer à l'échec et au sentiment de malaise qu'il procure. Ce n'est qu'ainsi que vous apprendrez à ne pas le craindre, mais à donner tout ce que vous pouvez pour l'éviter.

Tombez, blessez-vous, soyez-en désolé, mais relevez-vous plus vite qu'avant, car vous ne voulez pas retomber. Si cela se reproduit, ce n'est pas grave, vous savez ce qui vous attend. Mais il est certain qu'une fois que vous aurez fait l'expérience de l'échec, vous serez plus motivé que jamais pour atteindre vos objectifs. Acceptez l'idée de devoir vous rouler dans le sable, embrassez tous les désagréments que cela engendre, car ce n'est jamais pour bien longtemps.

La Team Six : entre mythe et réalité

Vous savez ce qu'est la "Team Six" (Équipe Six) ? C'est le haut du panier de l'élite des forces spéciales américaines. La Team Six est composée de certains des meilleurs membres des Navy SEALs, spécialement sélectionnés pour former un groupe capable de s'attaquer aux missions particulièrement délicates et difficiles.

La Team Six est née dans les années 1980 et son objectif était, à l'origine, de mener des opérations navales antiterroristes. Son premier commandant était Richard Marcinko, et ce sont ses compétences et connaissances approfondies du sujet qui ont inspiré la création de la Team Six. Entre 1979 et 1980, l'armée américaine a essuyé un échec historique : la tentative de libération de 52 citoyens américains otages à l'ambassade américaine de Téhéran, en Iran. Malgré un plan de libération et la mise en place d'une opération colossale, toutes les tentatives tactiques et militaires ont échoué et l'armée a dû subir l'humiliation d'une libération d'otages indépendante de ses efforts, grâce aux négociations.

C'est suite à cet échec que la Marine a décidé de former un escadron spécial commandé par "Dick" Marcinko. Cette équipe aurait dû être l'atout majeur de la Marine américaine dans sa lutte contre le terrorisme international : la crème de la crème, tant sur le plan tactique que physique. Une unité spécialisée dans la libération d'otages. Le nom

"Team Six", soit "Équipe Six", a été volontairement choisi pour instiller la peur chez les ennemis des États-Unis : il devait sous-entendre l'existence d'autres équipes spécialisées dans le même type de missions secrètes.

Marcinko a dirigé la Team Six de 1980 à 1983 et en a personnellement sélectionné, un par un, les premiers membres. En 1987, la Team Six a été officiellement dissoute et c'est le Naval Special Warfare Development Group (ou DEVGRU) qui en a reçu l'héritage, mais aujourd'hui encore, cette unité est mondialement connue sous son nom d'origine, Team Six.

C'est Marcinko lui-même qui a établi, en 1980, les critères de recrutement de cette équipe très particulière. On ne lui a donné que six mois et, en cas d'échec, il renonçait à la formation de l'équipe. Les conditions d'entrée dans la Team Six sont encore très secrètes. On sait seulement qu'elle comprenait un test physique intense, ainsi qu'un test psychologique et un entretien individuel. Les candidats qui passaient cette première étape étaient envoyés en formation pendant huit mois sous la direction de l'unité de formation de la Green Team créée ad hoc. Avec les années, le taux d'échec s'est stabilisé autour de 50 %, avec des pics bien plus élevés.

Seuls les membres des Navy SEALs pouvaient et peuvent encore demander à intégrer la Team Six. La formation particulière pour cette unité spéciale insiste donc plus sur des aspects mentaux et territoriaux que sur des aspects physiques, précisément parce qu'il est sous-entendu qu'un SEAL est déjà une espèce d'extraterrestre de la forme physique.

Les membres de Team Six doivent être prêts à tout, plus qu'un SEAL même, en supposant que ce soit possible. Les missions dans lesquelles ils s'engagent sont extrêmement délicates : une hésitation de quelques fractions de seconde peut souvent faire la différence entre la vie et la mort, la leur ou celle d'un otage et, dans le pire des cas, d'un civil également, ou même des membres de sa propre équipe. C'est pourquoi ceux qui postulent pour Team Six sont soigneusement sélectionnés. Ils tiennent souvent entre leurs mains l'équilibre politique international d'un pays tout entier.

Pour avoir une idée de ce qu'un membre de la Team Six doit être capable de faire au niveau physique, cette liste (non-exhaustive) vous aidera aussi à comprendre pourquoi le caractère et les compétences mentales doivent être au premier plan.

Un membre de Team Six doit pouvoir :

- Escalader à mains nues

- Maîtriser les tactiques de guerre terrestre

- Plonger en eaux profondes

- Conduire des véhicules spéciaux à des fins défensives et offensives

- Forcer des voitures, des portes et des coffres-forts

- Se battre à mains nues

- Survivre en milieu extrême

Les opérations de libération d'otages sont simulées pendant la formation avec des armes et des munitions réelles. Tout est réel, rien n'est virtuel : l'objectif est de stimuler la confiance des aspirants entre eux. Les futurs membres de Team Six doivent apprendre à avoir une confiance sans faille en leurs coéquipiers. Et comment ? En donnant le meilleur d'eux-mêmes, tout le temps. Ce n'est que si vous êtes convaincu que votre coéquipier a aussi l'habitude de toujours donner le meilleur de lui-même que vous pourrez mettre votre vie, littéralement, entre ses mains. C'est cette confiance qui est enseignée dans la Team Six.

Les véritables objectifs de Team Six sont à ce jour scellés par le secret militaire. Nous ne pouvons donc pas exactement savoir ce que fait cette super équipe spéciale. Ce que l'on sait, c'est qu'elle est principalement impliquée dans les opérations internationales d'antiterrorisme. Team Six est également sollicitée lorsqu'il s'agit de libérer ou de frapper des cibles de haut niveau, elle est probablement aussi impliquée dans des actions de renseignement et de sabotage d'armes de destruction massive.

Les membres de Team Six sont des surhommes, ne nous voilons pas la face. On leur confie les missions extrêmement délicates, souvent en collaboration avec les services secrets américains, la CIA. Ils peuvent travailler sous couverture pendant des semaines ou des mois en tant que civils, dans le seul but de suivre et d'identifier la cible ou de recueillir des informations. Ils doivent savoir s'adapter, être patients et malléables, mais le moment venu, ils doivent agir et savoir mettre un terme à l'opération sans hésitation, en quelques secondes.

C'est le cas de l'opération peut-être la plus célèbre menée par Team Six : l'assassinat du chef d'Al-Qaïda, Oussama Ben Laden. C'est la Team Six qui a planifié et réalisé l'opération et c'est l'un de ses membres qui a tiré sur Ben Laden.

Au-delà de son succès, cette opération, menée au Pakistan, a eu d'importantes implications d'un point de vue psychologique. Les SEALS ont réussi à atteindre la cible là où personne ne pensait que c'était possible. L'opération a abouti après des années d'un intense travail secret mené par la Team Six en Afghanistan, sur la piste de l'organisation du pouvoir qui répondait à Ben Laden. Des opérations essentiellement d'espionnage, qui ont finalement permis aux Américains de localiser le chef d'Al-Qaïda qui vivait protégé par les services secrets pakistanais. Un endroit où lui-même et les siens se sentaient totalement en sécurité.

Mais la Team Six y est parvenue là aussi. En silence, comme le veut la tradition des SEALs. Et en silence, sans éveiller aucun soupçon, ils ont accompli leur mission. L'auteur des trois coups de feu qui ont tué le chef d'Al-Qaïda a déclaré (après sa démobilisation de la Marine américaine) qu'il n'avait ressenti aucune émotion particulière à ce moment-là. Il a n'a fait que ce pour quoi il avait été entraîné.

Le film de la réalisatrice Kathryn Bigelow "Zero Dark Thirty" ("Opération Avant l'Aube" en français) relate cette mission et les derniers instants de l'infiltration du lieu de résidence de Oussama Ben Laden, bien évidemment relaté d'après les évènements officiels, avec une bonne dose de fiction utilisée à des fins cinématographiques.

Cela peut sembler du cynisme ou de la froideur, mais vu selon le bon angle, cela n'est rien d'autre que le fruit d'années d'entraînement dur et continu. Les Navy SEALs sont formés à cela : exécuter leur mission de manière absolument parfaite. La marge d'erreur est proche de zéro. Il n'est pas question d'agir dans l'émotion, chaque SEAL en est le maître dans le cadre d'une mission, et en a le contrôle total.

Il s'agit d'accomplir la mission telle qu'elle a été planifiée. Vous vous êtes préparé longuement pour cet objectif et tout ce qu'il reste à faire quand vous arrivez au moment-clé est d'exécuter. C'est la force d'un Navy SEAL, et également d'un membre de la Team Six : le contrôle et la maîtrise de soi.

2. Pourquoi les Navy SEALs sont-ils présentés comme un exemple d'estime de soi et de contrôle de soi ?

Discipline = liberté

Cette notion peut sembler contradictoire, vous pourriez d'ailleurs penser que la discipline est le contraire de la liberté. Mais la discipline est le moteur de toutes nos actions, celle-là même qui permet de dépasser les mille et une excuses qui nous ralentissent. La discipline sera toujours plus forte que la motivation, car celle-ci est une émotion et par là-même sujette à des hausses et des baisses de régime.

Vous ne pouvez pas toujours compter sur votre motivation pour accomplir une tâche, mais vous pouvez faire confiance à la discipline pour vous pousser à toujours faire de votre mieux. Elle sera par ailleurs essentielle quand vous serez dans des moments difficiles de votre vie. Votre niveau de motivation sera bas et ce sera bien normal. Si vous intégrez la discipline (comprenez une discipline rigoureuse et immuable) à votre vie quotidienne, votre motivation s'améliorera considérablement.

Beaucoup de gens croient que le talent suffit, qu'il peut vous amener n'importe où. Cette idée est bien évidemment fausse, le talent et l'habileté ne se suffiront jamais à eux-mêmes, ce qui explique que même les sportifs les plus doués ne réussissent pas mieux que les autres lors de la formation des SEALs. Ils sont même souvent les premiers à abandonner. Pour réussir, au-delà du talent, il faut du travail et de la persévérance. Il vous faut également apprendre de vos erreurs et de vos échecs. Il y a une énorme différence entre capacités et succès. À long terme, il faudra vous battre pour obtenir ce que vous voulez.

La discipline est un sujet majeur des SEALs depuis la constitution des deux premières équipes en 1962. Actuellement, il y a huit équipes SEALs, quatre sur chaque côte des États-Unis. Il y a également quatre détachements spéciaux qui surveillent les embarcations rapides le long des côtes et des voies navigables. Malgré leur appartenance à la Marine, on oublie souvent que les SEALs sont aussi compétents sur terre ferme que dans l'eau et dans les airs. Ils peuvent être parachutés et mener des opérations d'embuscade. Ils s'entraînent autant à la navigation et à la guerre sur terre que sur l'eau. En fait, la seule vraie différence entre attaquer une maison sur une plage et attaquer une maison dans les terres c'est que les SEALs ont plus de possibilités d'approcher la maison sur la plage en utilisant des équipements de plongée ou des bateaux. Les actions sur la cible restent les mêmes. Et attaquer ces deux types de maisons est loin d'être aussi complexe que de prendre d'assaut un bateau de croisière ou un cargo en mouvement.

Les officiers ont souvent des diplômes universitaires et ont reçu une formation linguistique avancée. S'ils décident finalement de quitter le service actif, ils n'ont généralement guère de difficulté à être acceptés dans les universités ou les entreprises. Une fois le peloton SEAL formé, ses membres s'entraînent généralement ensemble pendant 18 mois de plus, et se concentrent sur les tactiques des petites unités et la planification des missions.

Le peloton SEAL devient leur famille, et bien plus, car ils savent que leur vie entière dépend de l'équipe dans laquelle ils sont. Même plus, le destin de leur pays est dans leurs mains. Des dizaines d'années plus tard, les SEALs à la retraite se souviennent encore de cette période comme des moments les plus forts de leur vie en termes de liens, de loyauté et de travail d'équipe. Les SEALs prennent en charge un large éventail de missions, mais toutes sollicitent la compétence technique, l'intégrité organisationnelle, un commandement fort mais personnalisé, et une excellente condition physique. La loyauté est une vertu cardinale.

Les Navy SEALs et la méditation

Dans les reportages ou les interviews sur les athlètes ou les lutteurs professionnels, on entend couramment un certain nombre d'expressions comme "résilience", "préparation mentale", "90% esprit et 10% physique", etc.

Ces phrases nous laissent entendre que les grands athlètes ou les lutteurs tirent leur force mentale d'un talent inné ou d'un don de Dieu qui les différencie des "simples mortels". Mais ce n'est pas le cas : ce pouvoir est à la portée de tout le monde, y compris de vous !

En parcourant rapidement l'histoire de célèbres athlètes et combattants, nous pouvons facilement conclure que cette force mentale est une compétence que l'on peut développer par un entraînement aussi rigoureux, cohérent et engagé que celui que celui dédié au physique.

Les Spartiates, par exemple, commençaient leur *Agôgè* (programme d'éducation) dès l'âge de sept ans, et se préparaient à acquérir les compétences physiques et mentales utiles au combat bien avant de se battre contre un ennemi véritable.

En effet, la célèbre bataille des 300 de Sparte aux Thermopyles a été relatée à maintes reprises, précisément parce que les Spartiates ont incontestablement prouvé leur incroyable capacité à transcender les limites de leur corps par la force mentale et la détermination. D'une certaine façon, les Spartiates sont les premiers SEALs connus à ce jour !

Les légendaires samouraïs japonais sont tout aussi célèbres pour leur volonté, leur esprit et leur habileté inégalés sur le champ de bataille. On sait également qu'ils ont passé un temps considérable à entraîner leur esprit avec la même détermination que celle avec laquelle ils entraînaient leur corps. Ce n'est un secret pour personne que les samouraïs pratiquaient une technique d'entraînement mental très spécifique : l'art ancien de la méditation zen.

Grâce à cette pratique, les samouraïs apprenaient à calmer leur esprit, à rester concentrés sur le danger et la réponse à y apporter, dans le chaos de l'œil du cyclone. Eux aussi étaient des guerriers légendaires, tant sur le champ de bataille qu'en dehors.

Bien que les cultures des guerriers spartiates et des samouraïs se soient perdues au fil du temps, le monde moderne a encore besoin de gens capables de protéger la société et de se battre pour nos droits. C'est le cas des policiers, des agents de sécurité, des militaires ou des agents pénitentiaires qui consacrent leur vie à faire respecter la loi, à protéger et à servir la société.

Ces hommes et ces femmes sont de véritables "guerriers modernes". Malheureusement, pour de multiples raisons, notre culture n'a jamais intégré la méditation dans la vie quotidienne, malgré les nombreux avantages d'un double entraînement corps-esprit, reconnus dans bien d'autres cultures.

Cependant, nous savons que nos guerriers modernes ont besoin à juste titre des bienfaits de la méditation plus que tout autre groupe. Plusieurs études et recherches scientifiques ont démontré que la méditation contribue à réduire les symptômes physiques et mentaux liés au stress chronique et au stress post-traumatique. Elle améliore la concentration et libère les tensions, baisse la tension artérielle, la fréquence respiratoire et le rythme cardiaque, et confère à ses pratiquants une attitude beaucoup plus positive face à la vie.

Avec autant de bénéfices, on peut se demander pourquoi l'apprentissage et la pratique de la méditation ne font pas partie intégrante de la formation des forces de l'ordre.

Puisque la méditation n'est pas enseignée dans ces formations, ou même dans notre civilisation contemporaine, elle relève d'un choix volontaire. Et si vous faites ce choix, il existe une forme simple de méditation sans stigmates religieux ou dogmatiques souvent liés à cette technique d'entraînement mental pure et honnête.

Il s'agit d'une forme de relaxation très simple qui donne d'excellents résultats, enseignée et pratiquée par les Navy SEALs eux-mêmes ! En appliquant cette méthode dès aujourd'hui vous réaliserez bien vite à quel point la méditation a un impact profond sur votre comportement et votre façon de voir les choses. Alors n'attendez pas un jour de plus avant de commencer la méditation quotidienne.

Avant de pratiquer la méditation pour la première fois, choisissez un mot, un son ou une phrase à répéter dans votre tête. En effet, les inconditionnels de la méditation appellent cela un "mantra". Dans notre cas cependant, le nom que l'on lui donne n'a aucune importance.

La seule condition est que le mot que vous choisissez n'ait que très peu ou pas du tout de sens pour vous. Veillez à ne pas le changer en cours de processus, sauf si vous vous apercevez qu'il ne vous convient vraiment pas. Certains, par exemple, utilisent des mots aussi simples que "un".

Enfin, avant de commencer, trouvez chez vous un endroit calme, confortable et sans distractions. Le meilleur moment pour cela est le matin avant le petit-déjeuner. Éteignez votre téléphone, votre ordinateur, votre télévision ou tout autre objet électronique qui pourrait vous distraire, et veillez à ne pas vous arrêter avant au moins 10 minutes.

Asseyez-vous dans un fauteuil ou sur une chaise avec dossier, tenez-vous droit, dans une position ni trop tendue ni trop détendue. Utilisez si nécessaire un coussin pour vous soutenir, et réglez une alarme qui signalera la fin de la séance, qui devrait durer entre 5 et 15 minutes, mais qui au début sera encore plus courte.

Après quelques respirations profondes par le nez et la bouche, fermez lentement les yeux. Mettez vos mains sur vos genoux ou vos jambes. Asseyez-vous le dos droit et l'intégralité de votre corps reposé, et prêtez attention à votre respiration, à son rythme naturel lorsque vous inspirez et expirez par le nez, sans essayer de le contrôler.

Inspirez et expirez. Il peut arriver que votre respiration ralentisse un peu. Continuez pendant 1 à 2 minutes et comptez si nécessaire les respirations pour rester concentré. Maintenant, répétez à votre rythme le mot, le son ou la phrase, sans arrêt, dans votre tête. Ne vous inquiétez pas si le rythme change ou si vous commencez par l'entendre tout bas dans votre tête.

Pendant la séance, il est tout à fait normal que votre esprit commence à s'évader dans différentes pensées. C'est ce qu'on appelle le dialogue interne. Reportez votre attention sur le mot et laissez ces pensées s'échapper. De nombreuses personne pratiquant la méditation réfèrent leurs pensées comme un chiot qu'il faut éduquer : au début, le chiot aura tendance à s'éparpiller, à se laisser distraire, mais en ramenant le chiot auprès de vous, il sera, au fil du temps, de plus en plus facile de le dresser à devenir obéissant et sage.

La première semaine, il est conseillé de ne pas pratiquer plus de 2 à 5 minutes. Cela vous aidera à acquérir une plus grande tolérance à l'immobilité et à ne pas être frustré lorsque votre esprit vagabonde. De plus, les quelques minutes que vous passerez immobile ne vous semblera pas comme une étape longue, infranchissable, et donc complètement facile à intégrer dans votre routine.

À partir de la deuxième et de la troisième semaine, essayez de méditer entre 5 et 7 minutes, puis passez à 10 minutes par la suite. Votre objectif à long terme devrait être de méditer pendant au moins 15 à 20 minutes quotidiennement.

En investissant un peu de votre temps dans la méditation, vous pourrez gagner de grands bénéfices et découvrir un monde dont vous n'avez jamais eu conscience auparavant. Vous aurez vite l'impression que la méditation est une forme de relaxation facile et sans doute la meilleure forme d'entraînement mental afin de discipliner votre esprit et le rendre calme et bienveillant.

Ne vous étonnez pas d'être davantage maître de vous-même et plus performant professionnellement après seulement quelques semaines de méditation, votre concentration et votre bien-être général seront nettement améliorés.

Cette pratique bénéficiera à votre famille, à vos amis, aux personnes avec lesquelles vous travaillez et aux personnes que vous choisissez de servir et de protéger. Au quotidien, votre entourage verra clairement l'impact que cela a sur vous. Vous serez plus calmes, plus affirmé, plus serein et plus en harmonie avec vous-même.

Les policiers, les officiers et les soldats sont les guerriers modernes de notre société. Autrefois, les gens dépendaient de leurs guerriers, aussi bien physiquement que moralement, pour se sentir protégés et servis. Nous en avons toujours besoin, surtout sur le champ de bataille de notre vie quotidienne.

3. Comment former votre esprit

La plasticité neuronale est la capacité de notre cerveau à apprendre de nouvelles choses. Grâce à elle, nous entraînons notre cerveau à penser ou à agir d'une certaine façon. Dès que vous apprenez quelque chose de nouveau, votre cerveau crée de nouvelles connexions entre les neurones, les cellules du cerveau.

Chaque fois que vous pratiquez ou révisez ce que vous avez appris, le lien se consolide et intègre votre processus de pensée. L'information est ensuite transférée vers votre subconscient, la partie la plus "instinctive" et la plus profonde de l'esprit.

"Tout ce que nous plantons dans notre subconscient et que nous nourrissons avec la répétition et l'émotion deviendra un jour une réalité." - déclarait Earl Nightingale, le célèbre auteur américain qui se spécialisa dans le développement du caractère humain.

En réalité, de la même manière que nous entraînons nos compétences et nos muscles, nous devons constamment entraîner notre cerveau pour qu'il fonctionne de manière optimale.

Rester calme sous la pression est une compétence qui peut se cultiver. Nombreux sont ceux qui ne peuvent pas gérer leur stress, et quand ils sont confrontés à des situations très stressantes, ils s'épuisent et prennent de mauvaises décisions. Si vous améliorez votre tolérance au stress, vous serez non seulement capable de vous détendre dans ces situations, mais aussi de retourner le stress à votre avantage pour optimiser vos performances mentales.

En effet, le stress n'est pas toujours mauvais. Le bon stress, aussi appelé "eustress", est souvent aigu. Il vous aide à progresser et à atteindre satisfaction et objectifs, car il aide votre cerveau à être plus vif : sous stress, vous êtes plus attentif, vos muscles se tendent, prêts à l'action. L'anxiété, quant à elle, vous rend inquiet ou anxieux. L'angoisse chronique peut entraîner différents problèmes de santé, nous met mal à l'aise et épuise notre énergie.

Les psychologues Yerkes et Dodson ont découvert que nous avons besoin de la juste dose d'excitation pour une performance idéale. Le degré d'excitation dépend de chacun, vous devez donc trouver votre propre équilibre. Essayez de rester dans votre zone de tolérance et si vous devez en sortir, respectez une période de récupération. N'ayez pas peur du stress. Supportez l'inconfort et le stress lorsqu'ils peuvent vous aider à grandir. En prenant le stress comme un allié, vous pourrez donc optimiser vos capacité, car votre corps tout entier est prêt à agir.

Les Navy SEALs sont formés pour s'adapter à n'importe quel terrain et à tout milieu. Sur la route du succès, ce ne sont pas seulement le talent ou les connaissances qui comptent, mais aussi et surtout la flexibilité et l'adaptabilité. Ce n'est pas le plus fort ou le plus rapide qui réussit le mieux, mais celui qui peut s'adapter à l'évolution et être suffisamment flexible pour survivre aux changements de la vie.

Trouvez votre stabilité mentale

Nous sommes des êtres émotifs. Un commentaire désagréable d'un inconnu peut facilement nous gâcher la journée. C'est à ce niveau-là que la stabilité mentale entre en jeu. Tout le monde a un seuil au-delà duquel son humeur change. Mais comme toute autre compétence mentale, la stabilité mentale est quelque chose que l'on peut entraîner.

Pour améliorer votre stabilité mentale, prenez note de vos réactions aux pensées ou aux événements négatifs. Tenez un journal d'humeur si cela peut vous aider : une sorte de carnet quotidien, même sous forme d'application mobile, et notez-y comment vous laissez les événements extérieurs gâcher (ou améliorer) votre humeur.

Il est difficile de rester de bonne humeur, surtout lorsque les personnes les plus proches de vous vous contrarient. Il est normal d'avoir certaines attentes vis-à-vis de relations proches et importantes, et les personnes qui nous sont le plus cher sont également des personnes qui peuvent nous influencer plus facilement. Mais, chaque fois que vous vous énervez, c'est qu'en réalité vos attentes sont trop élevées à la base.

Les gens sont par ailleurs trop occupés pour mesurer les conséquences de ce qu'ils font ou disent. Souvent, ils ne réalisent même pas à quel point certaines actions ou paroles peuvent blesser. Dans un monde idéal, chacun devrait bien se comporter et avoir les mots justes, mais nous ne sommes pas des êtres parfaits. Nous commettons tous des erreurs, que cela soit conscient ou inconscient. Certaines personnes le réalisent, d'autres pas, et au fond rien de cela n'est vraiment important. Être amer ne vous sera d'aucune aide dans votre vie, et ressasser des moments négatifs ne feront que vous ralentir dans votre mission vers la positivité et l'efficacité.

Peut-être que la personne qui vous a dit des mots blessants traversait une période difficile lorsqu'elle vous a dit des mots que vous ne vouliez ps entendre. Donnez-lui le bénéfice du doute, pour votre propre tranquillité d'esprit. Faites preuve d'empathie et essayez de considérer les événements du point de vue des autres. La plupart de ces petites confrontations n'auront aucune importance à long terme. Ne cédez pas à la rancune et pardonnez tout de suite, après tout nous ne sommes que des humains. Montrez-vous gentil, accordez votre pardon et passez à autre chose.

Arrêtez de rejeter la faute sur les autres et assumez la pleine responsabilité de vos actions. Si les autres ne répondent pas à vos attentes, alors changez-les. Et s'ils font mieux que prévu, soyez reconnaissant.

Il en va de même pour la vie quotidienne. Lorsque tout se passe bien, soyez reconnaissant, et lorsque la vie vous lance des défis, réagissez avec gentillesse et saisissez cette occasion pour mettre votre esprit à l'épreuve. Tout au long de votre vie, soyez en paix et formez votre esprit. Tous deux sont nécessaires et positifs.

Il y a de nombreuses raisons pour que notre humeur se dégrade, mais le principe est toujours le même. Identifiez la cause, ajustez votre réaction et choisissez de voir le côté positif de la situation. Arrêtez de vous juger, de juger les autres ou votre situation. Optez pour l'amour et la gentillesse, puis appréciez la vie telle qu'elle est, ne cherchez pas à changer les facteurs sur lesquels vous n'avez aucun pouvoir. Aimez-vous tel que vous êtes et aimez les autres tels qu'ils sont. Surtout, ne confiez jamais la responsabilité de votre bonheur à quelqu'un d'autre.

Travaillez avec passion

Les problèmes de la vie dévient la vision. Mais les problèmes ne sont pas nos ennemis, ce sont au contraire nos bons amis qui peuvent même parfois devenir des alliés. Ce sont des tests à passer pour montrer à quel point nous sommes motivés et prouver notre résilience. Si atteindre des objectifs était facile, tout le monde obtiendrait tout ce qu'il souhaite, comme par magie, et plus rien ne serait réjouissant.

Selon la loi de l'attraction, vous obtenez ce sur quoi vous portez votre attention. Il ne faut pas y voir une équation mathématique, ce n'est pas une vraie loi mais plutôt un état d'esprit, bien diffusé dans le monde du neuromarketing. Nous n'entendons parler de loi de l'attraction que par ceux qui réussissent ; nul ne sait en revanche combien échouent au titre de cette même loi de l'attraction.

Donc, au lieu de la voir comme une "loi" en tant que tel, voyez-la comme un principe. C'est un outil. Elle peut se concrétiser si vous travaillez assez dur pour réaliser votre vision. Concentrez-vous sur votre objectif numéro un et donnez votre maximum. Pratiquez l'excellence et faites tous les efforts nécessaires, tenez vos engagements et soyez à l'heure. Soyez toujours fiable et concentré, ne décevez pas les autres et surtout ne vous décevez pas vous-mêmes.

L'une des choses que les Navy SEALs apprennent au cours de leur formation est de se visualiser en permanence en train d'accomplir leur mission. En utilisant cette visualisation répétitive et constante, ils entraînent et préparent leur esprit à ce qui va advenir. Ils gagnent dans leur esprit avant de gagner sur le champ de bataille.

Quel que soit votre objectif, visualisez-vous en train de persévérer et de surmonter les obstacles, faites taire votre esprit critique intérieur et ignorez les freins que votre cerveau tente de mettre sur votre chemin.

Si vous vous "voyez" passer ces obstacles à l'avance, lorsque vous les rencontrerez dans la vie réelle, votre esprit n'aura pas à décider de ce qu'il faut faire. Il le saura déjà, car il l'aura déjà fait au préalable : il saura comment avancer malgré les circonstances car c'est ce qu'il a été entraîné à faire.

Rappelez-vous ce que le succès signifie pour vous. Fixez vos objectifs quotidiens et agissez régulièrement, même si ces objectifs sont modestes et à court terme. Et surtout, profitez du voyage, fêtez les petites victoires. Ne courez pas après une vision en croyant qu'elle est la seule source de votre bonheur. Soyez heureux pendant ce voyage : réaliser votre vision ne fera qu'augmenter votre sentiment d'accomplissement. Faites que votre voyage soit enrichissant et vous ne raterez jamais le moindre jour de votre vie.

Que vous le veuillez ou non, il y aura des milliers d'occasions où vous devrez faire des choses que vous n'aimez pas, celles qui vous donnent l'impression d'être sous-estimé et qui risquent même de vous vexer. Cependant, la meilleure façon de les aborder est de faire preuve d'humilité. À ce sujet, on trouve sur le web une interview d'un soldat des Navy SEALs qui se souvient de sa première mission en rejoignant les forces spéciales : nettoyer les toilettes de la caserne.

Malgré cette basse besogne, le soldat ne s'est pas vexé et n'a pas trouvé qu'elle était dégradante. Il s'est retroussé les manches et a nettoyé ces toilettes comme si c'était le travail auquel il se préparait depuis des mois. Ses supérieurs ont été impressionnés par son comportement, et il a rapidement pris le commandement d'une unité de combat SEAL. Le principe est clair : si vous avez à cœur de laisser les sanitaires irréprochables, vous ferez un travail tout aussi remarquable sur des missions plus importantes.

L'humilité ne signifie évidemment pas de ne pas se sentir capable. Ayez confiance en vous tout en restant modeste vous empêchera de devenir arrogant. Prenez confiance en vous et en vos actions, et faites tout ce qui est à faire comme s'il s'agissait de la tâche la plus importante que vous avez à faire. Après tout, c'est peut-être vrai, car les grandes conquêtes ne sont faites que de petits détails.

Prenez confiance

Fiez-vous à la meilleure version de vous-même. Vous êtes bien plus capable que vous ne le pensez. Vous pouvez cultiver toutes les compétences que vous voulez et vous pouvez toujours progresser, à n'importe quel moment de votre vie.

Cependant, la confiance seule ne suffit pas. Soyez durement honnête avec vous-même et faites tout ce qu'il faut pour transformer vos rêves en réalité. Travaillez sur vos points forts, corrigez vos points faibles (le cas échéant) et faites les sacrifices nécessaires. Prenez des décisions audacieuses et continuez à avancer jusqu'à atteindre vos objectifs. Faites taire vos ennemis (y compris votre esprit). Multipliez les compétences et demandez un feedback, ne cessez jamais de progresser.

La peur est l'ennemie de la confiance, elle vous tient dans une prison mentale et vous empêche de suivre votre instinct. Ne la laissez pas faire. L'avantage à suivre son instinct, c'est que vous devenez toujours celui que vous n'auriez jamais pensé devenir si vous étiez resté dans votre zone de confort, dans le succès comme dans l'échec.

Sortez de votre zone de confort et même en échouant un million de fois, vous deviendrez une personne différente. Votre caractère changera et votre vision du futur gagnera en clarté.

Ne vous limitez jamais à petit objectif de travail. Essayez d'avoir un contrôle global, d'anticiper les besoins et de proposer des solutions pertinentes. Sur le champ de bataille, les meilleurs leaders sont ceux qui savent donner à leur unité un coup d'avance sur l'ennemi. Les grands leaders sont ceux qui anticipent et répondent aux besoins de leurs équipes, et les tiennent motivées et confiantes.

Si quelque chose ne va pas, ne demandez pas d'aide à qui que ce soit, ne cherchez pas d'excuses, ne proposez que des solutions. Prenez le problème à bras-le-corps et réglez-le. Ceux qui rendent les autres responsables de leurs problèmes ne seront jamais en charge de leur propre vie et ne pourront donc jamais être totalement libres. Au travail ou dans votre vie personnelle, assumer la responsabilité totale des événements vous donne le contrôle de ceux-ci et vous aide à avoir plus confiance en vos capacités. Plus vous accepterez les choses comme elles sont, et plus vous chercherez à résoudre les problème set à trouver des solutions, plus vous serez optimistes, plus vous vous offrirez une vie meilleure et augmenterez vos chances de succès.

Soyez discipliné, humble et responsable. Une fois que vous aurez intégré ces trois règles, vous serez prêt à entreprendre un voyage difficile et à atteindre vos objectifs. Plus important encore, votre confiance sera partagée.

Prenez patience

Le credo des Navy SEALs est : "Je n'abandonnerai jamais. Je vais persévérer et grandir dans l'adversité. Si je tombe, je me relèverai. Chaque fois. Je serai toujours en état de combattre." Dans la vie, vous serez confronté à de nombreux défis et à de nombreux obstacles. Cela implique parfois qu'il vous faudra nager dans de nouvelles eaux, des eaux que vous ne connaissez pas bien. De nombreuses personnes ont peur de l'inconnu, mais il vous faudra affronter cette peur et vous réjouir des nouveaux challenges à relever. C'est la persévérance et la détermination qui vous pousseront à affronter et conquérir ces défis.

La patience est la capacité de persévérer même lorsque les choses prennent plus de temps que prévu.

La vie est un voyage. Parfois, vos performances vous surprennent, parfois vous êtes déçu ou découragé à cause d'obstacles imprévus sur votre chemin. Si vous êtes patient, vous pourrez réaliser tout ce que vous désirez. Vous devez tenir vos engagements et ne jamais reculer, même si c'est ennuyeux ou plus difficile que prévu. Vous pouvez vous entraîner à la patience en pratiquant le jeûne, des activités d'endurance ou en méditant. Soyez résilient, acharné, déterminé, têtu et n'abandonnez jamais. Surtout, restez positif et prenez chaque instant tel qu'il est.

Servez les autres

Votre but dans la vie est de vous recréer, de vous améliorer sans cesse et d'avoir le courage d'être vous-même en permanence. Mais la mission de votre vie est différente de votre but. Votre mission est de servir l'humanité. Peu importe que votre problème soit petit ou grand. Il est de votre devoir de vous servir au mieux de vos capacités, et de prendre également conscience de vos faiblesses. Ne prétendez pas être un surhomme (à moins que vous ayez réussi cet exploit!)

Nous devons nous concentrer sur nos objectifs, notre croissance et notre bonheur. Et il n'y a rien de mal à cela, mais si vous ne prenez jamais le temps d'aider, de soutenir ou de servir les autres, vous vous sentirez déconnecté du monde.

Même après de grands accomplissements et de grands titres, vous resterez insatisfait. Le moment est donc venu de prendre part à une mission et d'y contribuer. Donnez, donnez et donnez encore, et quand vous n'avez plus rien à donner, donnez encore plus. Faire le don de son temps, de son argent, de son attention ou de son énergie. Et quand vous donnez, ne comptez pas les fois où vous avez servi les autres. Entraînez-vous à donner et donnez du fond du cœur, sans espérer recevoir quoi que ce soit en retour (pas même des compliments, de l'amour, de l'attention ou une petite phrase). C'est un exercice difficile, car nous avons tendance à toujours chercher l'approbation ou une sorte de récompense lorsque nous offrons quelque chose, mais pourtant en aidant son prochain de manière désintéressée, notre égo va également se dissoudre. Dès lors, notre perception sur la vie et notre place dans le monde va complètement changer. Plus rien ne sera effrayant, rebutant, rabaissant, mais au contraire, nous ferons partie d'un tout, bien plus grand que nous-mêmes et le monde dans lequel nous naviguons.

Prenez conscience

La pleine conscience est l'une des plus importantes compétences pour vivre pleinement. Être attentif demande de l'entraînement : prenez note de ce que vous pensez. Observez votre façon de penser, de ressentir et d'agir selon différentes circonstances.

Quels sont vos préjugés ? Dans quel contexte votre comportement est inadapté ? Qu'est-ce qui déclenche une pensée négative en vous ?

La pleine conscience ne vous aide pas seulement à être conscient, elle vous aide aussi à améliorer votre concentration, par exemple, sur la tâche à accomplir. En progressant, vous aurez plus de facilité à vous retrouver dans vos pensées et à ramener votre attention sur cette tâche.

La meilleure façon de pratiquer la pleine conscience reste la méditation. Nous l'avons vu au préalable, celle-ci vous sera bien plus bénéfique que vous ne le pensez. De plus, nous pouvons pratiquer la méditation au quotidien, sans besoin d'accessoires ou d'autres artefacts. En anglais, nous appelons cela "mindfulness", soit notre capacité à vivre l'instant présent et tout ce qu'il offre de positif. Vous pouvez la pratiquer pendant des activités courtes et courantes comme faire la vaisselle, le ménage, cuisiner, manger, boire ou marcher. Concentrez-vous sur ce que vous faites, essayez de le ressentir avec tout votre esprit et tout votre corps, prenez conscience de ce que vous ressentez. Grâce à cette prise de conscience, vous ressentirez, penserez et verrez ce que beaucoup ne connaitront jamais dans leur vie. Il est facile de se noyer dans l'agitation de la vie. Mais il faut de la sagesse et un point de vue d'enfant pour la voir à travers le filtre de la beauté.

Soyez intègre

Faites toujours ce qui vous semble être "juste", ce qui dépend de vos principes et de vos valeurs. Pour cultiver votre intégrité, la première étape consiste à définir vos valeurs cardinales et vos principes dans la vie. Prenez le temps d'y réfléchir et consignez dans un journal ou un cahier les 10 valeurs les plus importantes pour vous.

Agissez ensuite en conséquence, même quand personne ne regarde. On peut tromper les autres, mais on ne peut jamais se tromper soi-même. Soyez un héros à vos propres yeux.

L'intégrité fait de vous quelqu'un d'authentique. Être authentique ne veut pas dire ne jamais mentir aux autres. Il faut parfois mentir pour leur bien-être ou le sien. Mais vous ne vous mentez jamais à vous-même.

Éprouvez votre intégrité chaque fois que vous devez faire un choix raisonné. Examinez vos agissements et demandez-vous si vous avez bien fait ce qu'il fallait. Réagissez-vous de manière impulsive ou en accord avec vos principes et vos valeurs ? Prenez toujours le temps de prendre du recul face à ce qui vous arrive, et à vos agissements. Plus vous prenez conscience de ce que vous faites et comment vous vous sentez, plus vous chercherez à être en harmonie avec vous-même.

Tolérez le refus

Qui aime le refus ? Nous sommes prédisposés à l'éviter : par un instinct inconscient que nous portons en nous depuis le temps où nous vivions dans de petites tribus où le refus signifiait la différence entre la vie et la mort. Aujourd'hui, la situation est différente. Nous sommes nombreux sur terre, et grâce à internet, nous pouvons toucher plus de gens que jamais. Si nous devions demander et recevoir l'approbation de tout le monde, nous serions perdus.

Ne perdez pas de vue que vous êtes nombreux à ressentir ce genre de choses et à avoir des intérêts communs et des objectifs similaires, quels qu'ils soient. Trouvez votre "communauté" et soyez-lui fidèle. Vous n'avez que faire de l'opinion des gens qui ne comptent pas pour vous.

Tous les refus ne vous concernent d'ailleurs pas. Vous ne pourriez pas non plus accepter toutes les demandes, si ? Alors, attendez-vous à essuyer un refus et à ne pas en prendre ombrage. Le refus est toujours accompagné d'un feedback ou d'une leçon. Acceptez-les et soyez confiant que de meilleures choses vous attendent. Comme la peur, voyez le refus comme un instrument d'apprentissage, d'acceptation des choses et de positionnement de vos valeurs. Vous apprendrez beaucoup sur vous-même en notant comment vous vous sentez après un refus, une critique ou une moquerie. Le monde en regorge, il ne tient qu'à nous d'en tirer les leçons les plus utiles.

Pratiquez le détachement

On parle beaucoup du minimalisme. Beaucoup l'associent au fait de posséder moins d'objets, ce qui est vrai, mais il y a en réalité bien plus dans ce mouvement : il faut aussi abandonner ce à quoi nous sommes émotionnellement liés. En étant minimaliste émotionnellement (ceci peut aussi se traduire par se détacher des objets ou des personnes qui nous entourent, quels qu'ils soient), nous laissons plus de place aux choses qui comptent vraiment, celles que nous ne pouvons pas toucher.

Le lâcher prise est difficile, mais il fait partie de la vie. Plus tôt nous l'apprendrons, meilleure sera notre vie. Les objets, les gens, le bonheur, la tristesse, la douleur, et l'amour vont et viennent. La vie nous fournit ce dont nous avons besoin au moment précis où nous en avons besoin. Acceptez les cadeaux de la vie et apprenez à les perdre. Rien n'est éternel.

Commencez par vous débarrasser de petits objets physiques ou virtuels. Vous pouvez simplement commencer par un grand nettoyage de printemps, que ce soit au niveau des vêtements ou des objets que vous possédez. Essayez même de jeter quelque chose qui vous tient particulièrement à cœur, comme un cadeau que l'on vous a offert ou un vêtement qui vous rappelle de bons souvenirs. Cela est difficile ? C'est pourtant le premier pas vers le minimalisme. Avec le temps, vous réaliserez que ce dont vous vous êtes débarrassés n'a pas d'utilité, et il ne vous manquera pas. Plus vous pratiquez cet exercice, plus facile cela sera pour vous de devenir minimaliste. Avec l'habitude, vous serez capable de lâcher prise même dans les moments difficiles. Abandonnez les personnes qui vous tirent vers le bas ou les choses qui ne vous servent plus. Laissez tomber les distractions qui font barrage à votre vision.

Quand on sait lâcher prise, on ne compte pas sur les choses pour être heureux. Vous arrêtez de ressasser le passé, êtes moins anxieux à propos de ce que vous ne pouvez pas contrôler. Vous êtes capable de vous libérer de vos émotions et de supprimer les pensées toxiques de votre esprit, de devenir indépendant et libre. Alors mettez-vous au travail et devenez un minimaliste dès aujourd'hui, vous ne vous sentirez que plus heureux !

Récupérez

Si vous voulez travailler dur, vous devez apprendre à vous détendre et à récupérer. Si vous ne vous reposez pas, vous vous épuiserez autant mentalement que physiquement, vous travaillerez mal et votre bien-être ou vos relations en pâtiront.

Considérez le repos comme un art. Il faut savoir se calmer et apprécier le temps où vous n'êtes pas "productif". Parfois, certaines personnes s'abandonnent dans les méandres de la productivité et perdent de vue l'intérêt du repos. Elles en ont donc encore plus besoin car elles commencent à en être dépendantes.

Il vous faut trouver le juste équilibre et récupérer autant que nécessaire, sans tomber dans l'oisiveté. Trouvez ce que le repos signifie pour vous et assurez-vous que c'est ce qu'il vous faut pour recharger vos batteries. Par exemple, les introvertis se ressourcent en restant seuls et en se consacrant à eux-mêmes, tandis que les extravertis se ressourcent en passant du temps avec d'autres et en ayant des activités sociales. C'est également une partie du concept de pleine conscience que vous avez lu précédemment : il est important de se connaître et d'être conscient de ce qui vous définit (qui n'est d'ailleurs pas immuable). Sachez comment recharger vos batteries de manière efficace, et apprenez à noter lorsque celles-ci ont justement besoin de se recharger. Un équilibre sain entre la productivité et le repos optimise l'un comme l'autre. Sachez le mesurer correctement.

Le sens de l'humour est une autre compétence importante à cultiver pour récupérer. Les rires fonctionnent littéralement comme un médicament et libèrent des endorphines, hormones du plaisir. Ne prenez pas mal les choses et trouvez toujours une raison de rire et de faire rire les autres, sans insulter personne. Cela est bon pour l'esprit, sous tous ces aspects. Enfin, beaucoup de bonnes idées viennent lorsque vous ne travaillez pas. Laissez votre esprit vagabonder. Inspirez-vous de sources différentes. Entraînez votre esprit à un mode de pensée hétéroclite. Laissez votre esprit dériver, libérez-le.

4. Comment entraîner votre esprit à la réussite

Pour entraîner votre esprit au succès, vous devez faire la distinction entre ruminer et résoudre un problème. Penser à des stratégies pour surmonter une difficulté est utile, mais s'imaginer incapable de supporter la douleur est contre-productif. Chaque fois que vous réfléchissez longuement à une situation, prenez le temps de vous demander si vous êtes en train de la ressasser ou de la résoudre réellement. Certes, accepter les problèmes ou les deuils est un processus important afin de guérir, mais ne vous lancez pas dans les complaintes et la rumination des moments difficiles (ou des bons moments si, par exemple, vous avez rompu avec votre partenaire et vous souvenez inlassablement des bons moments passés ensemble), c'est une production de votre cerveau qu'il faut savoir apprivoiser et faire taire.

Si vous êtes en train de résoudre ou d'anticiper un problème, poursuivez. Mais si vous ne faites que répéter des choses déjà produites ou faire de sinistres prévisions sur ce que vous ne pouvez pas contrôler, passez tout de suite à autre chose. Levez-vous et faites ce qui vous distraira du problème et permettra à votre cerveau de se concentrer sur des tâches plus productives. En effet, le simple fait de faire des tâches simples ou de résoudre des petits problèmes quotidiens peuvent vous aider à sortir de cet état d'esprit et vous focaliser sur autre chose.

Réservez-vous les mêmes conseils que vous donneriez à un bon ami. Comme bien d'autres, vous êtes sûrement trop critique envers vous-même. Mais se plaindre, être dur envers soi-même et mettre l'accent sur ses erreurs ne fera jamais que vous tirer vers le bas.

Des études ont établi un lien entre la compassion et l'amélioration du bien-être psychologique, de l'image corporelle, de l'estime de soi et de la motivation. Prenez donc l'habitude de vous parler comme vous parleriez à un ami.

Reconnaissez vos émotions. Nombreux sont ceux qui ont une aversion à parler de leurs sentiments ou à les montrer. Par conséquent, on s'éloigne parfois de nos propres sentiments, et on ne reconnait plus ce que l'on ressent.

Et lorsque les adultes mettent un nom sur leurs sentiments, c'est souvent de manière indirecte.

Plutôt que de dire "j'étais triste", on dira "j'avais un nœud dans la gorge" ou "mes yeux se sont embués" lorsqu'une émotion forte nous fait tirer une larme. Ou encore, au lieu de dire "je suis très nerveux", on va dire "j'ai des papillons dans le ventre".

Consacrez chaque jour quelques minutes à reconnaitre votre état émotionnel. Nommez vos sentiments et réfléchissez à comment ces émotions pourraient influencer vos décisions. Si vous êtes triste à cause d'un événement de votre vie personnelle ou inquiet à cause d'une situation au bureau, vos émotions déborderont sur d'autres domaines de votre vie, si vous n'en prenez pas conscience.

Compensez vos émotions par la logique. Que vous soyez face à une décision financière difficile ou à un dilemme familial, vous ne prendrez une bonne décision que lorsque vous serez capable d'équilibrer vos émotions avec la logique. Lorsque vos émotions s'effacent, c'est le moment d'utiliser votre pensée rationnelle.

La meilleure façon de concilier émotion et raison est de dresser une liste d'avantages et d'inconvénients de vos choix. Cette liste peut vous aider à évacuer les émotions de la décision et vous préparer à prendre une meilleure. Pour ce faire, marquez tous les points positifs d'une situation (quels qu'ils soient) dans une colonne, et tous les points négatifs dans une autre. En ayant les choses écrites et par conséquent posées à plat, cela sera plus facile de faire la part des choses lorsque vous êtes confrontés à une situation qui vous crée une certaine détresse émotionnelle. Cette feuille de papier où résident vos points positifs et négatifs vous servira de "raisonnement" lorsque les sentiments prennent le dessus.

Soyez adepte de la gratitude. Elle s'associe à un certain nombre de bienfaits physiques et psychologiques, dont le bonheur. Une étude a même révélé que les gens reconnaissants sont 25 % plus heureux.

Si vous prenez l'habitude de dire ou de noter trois choses pourquoi vous êtes reconnaissant chaque matin au petit-déjeuner ou avant de vous coucher, vous entraînerez votre cerveau à chercher et à se concentrer sur les points positifs de votre vie, et non sur les négatifs. C'est sans doute le moyen le plus simple et le plus efficace d'améliorer votre bien-être. Cet exercice est rapide, facile, et vous permet de commencer la journée sous un regard positif, ou de la terminer de manière plus sereine et joyeuse.

Créez un état d'esprit sain. Vos conversations avec vous-même ont un profond effet sur votre vie. Si vous voulez trouver votre plein potentiel, il est important d'exercer votre muscle mental. Faites travailler votre cerveau tous les jours et, avec le temps, il vous conduira au bonheur et à la réussite.

5. Comment travailler votre mémoire

Qu'il s'agisse d'une erreur commise par le passé ou de ce qu'un mentor vous a dit, concentrez-vous sur vos expériences et utilisez-les à votre avantage. Chez les Navy SEALs, on enseigne non seulement les compétences de commandement en permanence, mais aussi comment en tirer des leçons. Pour réussir dans la vie, vous devez apprendre à faire des ajustements dans votre parcours vers le succès. Vous devez vous montrer flexible, réagir vite et tirer les leçons de vos succès passés.

Le succès repose en grande partie sur ce que vous savez : vos connaissances influencent vos choix. Et ces choix vous permettent soit de vous rapprocher, soit de vous éloigner de vos objectifs de vie.

Tout le monde voudrait apprendre mieux et plus vite, retenir davantage d'informations et être en mesure de mobiliser ces connaissances au bon moment.

En réalité, nous oublions une grande partie de ce que nous apprenons. L'oubli humain suit un modèle : les recherches montrent qu'au bout d'une heure, si vous ne traitez pas les nouvelles information, vous aurez oublié environ 50 % de ce que vous avez appris. Après 24 heures, le taux grimpe à 70%, et si une semaine s'écoule sans utiliser ces informations, elles sont perdues jusqu'à 90%. Autant dire que, même si vous y mettez tout votre cœur, vos apprentissages ne servent presque à rien.

Pour mieux acquérir et retenir les connaissances, elles doivent être consolidées et archivées en lieu sûr, dans la mémoire à long terme.

La mémoire à long terme se caractérise par deux éléments : la force de récupération et la force de rétention. La force de récupération mesure la probabilité de se souvenir de quelque chose sur le moment. La force de rétention mesure la permanence de l'information dans votre mémoire.

Si nous voulons nous souvenir de ce que nous avons appris, nous ne devons pas nous contenter de lire une livre chaque semaine ou d'écouter passivement un livre audio ou un podcast. Relisez plutôt les passages que vous n'avez pas compris la première fois, écrivez ou pratiquez ce que vous avez appris la semaine précédente avant de passer au chapitre suivant, et prenez des notes. En effet, écrire ce que vous tentez de retenir est bénéfique, car non seulement vous apprenez la chose deux fois (en la lisant et en l'écrivant), mais vous créez également un raccourci pour vous rappeler des choses. Si vous avez du mal à vous souvenir d'éléments, consultez à nouveau vos notes. En vous forçant à vous rappeler des informations passées, vous fixez les nouvelles connaissances dans votre esprit.

Lorsqu'un souvenir est enregistré pour la première fois dans notre cerveau, en l'occurrence dans l'hippocampe, il est encore "fragile" et peut facilement s'oublier.

Notre cerveau enregistre en permanence des informations de manière temporaire afin de séparer les informations essentielles du tout-venant : bribes de conversations entendues sur le chemin du travail, choses vues, la tenue de la personne devant vous, discussions au travail, pour n'en citer que quelques-unes. Le cerveau élimine aussitôt tout ce qui ne se répète pas pour faire de la place aux nouvelles informations. Si vous voulez vous souvenir ou utiliser de nouvelles informations à l'avenir, vous devez travailler volontairement pour les stocker dans la mémoire à long terme.

Ce processus s'appelle l'encodage : le stockage de nouvelles informations dans le cerveau. Sans le bon encodage, il n'y a rien à stocker et les tentatives de récupération ultérieure de la mémoire échoueront. La courbe de l'oubli, qui explique le déclin de la conservation de la mémoire avec le temps, a apporté sa contribution à la science de la mémoire en consignant le processus de stockage des informations par le cerveau.

Dans le cas d'un nombre important de répétitions, il est bien plus avantageux de les répartir convenablement sur une période donnée que de les accumuler en une seule fois.

Lorsque vous vous rappelez volontairement ce que vous avez appris ou vu peu de temps auparavant, vous envoyez un signal puissant à votre cerveau afin qu'il conserve l'information. En cas de répétition votre cerveau se dit : "Oh, voilà encore cette info, tu ferais mieux de la retenir." Lorsque vous êtes exposé de façon répétée à cette même information, il faut moins de temps pour "l'activer" dans votre mémoire à long terme et il vous est plus facile de retrouver l'information lorsque vous en avez besoin.

La plupart des apprentissages passent inévitablement par la lecture et l'écoute, mais en utilisant diverses techniques pour fixer les nouvelles connaissances dans votre mémoire, vous consoliderez plus vite et mieux ces nouvelles informations.

La répétition distante

On appelle une de ces techniques la répétition distante : il s'agit de répéter ce que vous essayez de retenir pendant une période définie. Par exemple, lorsque vous avez lu et vraiment apprécié un livre, au lieu de le ranger relisez-le un mois après, puis trois mois après, six mois, et enfin un an après. La répétition distante s'appuie sur l'effet d'espacement : notre cerveau apprend mieux lorsque nous répartissons les informations dans le temps. L'apprentissage de quelque chose de nouveau chasse les anciennes informations si vous ne laissez pas à votre cerveau le temps de consolider la nouvelle connexion neuronale.

La règle du 50/50

Passez 50 % de votre temps à apprendre quelque chose de nouveau et le reste de votre temps à partager ou à expliquer ce que vous avez appris à quelqu'un.

Les recherches montrent qu'expliquer un concept à d'autres est le meilleur moyen de l'apprendre soi-même. La règle du 50/50 est un moyen parfait pour apprendre, traiter, retenir et mémoriser des informations.

Par exemple, au lieu de terminer un livre, essayez d'en lire la moitié et de retenir, de partager ou d'écrire les idées principales, avant de passer à autre chose. Mieux encore, partagez ces nouvelles connaissances avec les autres, vos followers d'Instagram par exemple : vous élèveriez certainement le niveau et la qualité de votre contenu sur les réseaux sociaux !

Vous pourriez même appliquer la règle du 50/50 à certains chapitres plutôt qu'au livre entier. Cette méthode d'apprentissage fonctionne très bien si vous souhaitez retenir une grande partie de ce que vous apprenez. Le test ultime de vos connaissances est votre capacité à les transmettre à une autre personne.

"La meilleure façon d'apprendre vraiment quelque chose est de l'enseigner, non seulement parce que l'expliquer vous aide à le comprendre, mais aussi parce que le récupérer vous aide à vous en souvenir", explique le psychologue Adam Grant.

Les démonstrations thématiques

Pour fixer les informations dans votre mémoire, vous avez aussi la possibilité de profiter des démonstrations et des exercices pour bien comprendre un sujet. Contrairement à une simple lecture ou l'écoute d'une explication, les démonstrations montrent comment quelque chose fonctionne et vous aident à en visualiser le concept. Lorsque vous apprenez la photographie, le design, la prise de parole en public, la négociation ou un nouvel outil technologique, regarder des tutoriels qui font la démonstration de ce que vous essayez d'apprendre peut améliorer votre taux de rétention. De plus, plus vous mettez en pratique ce que vous avez appris, plus votre cerveau retiendra, car le processus sera beaucoup plus approfondi. En effet, vous bénéficierez de plusieurs choses : vous penserez à ce qu'il y a à faire, l'appliquerez, réglerez des problèmes en réfléchissant à ce que vous avez appris. Plus votre cerveau sera activé par cette démarche, plus vous asismilerez les informations et serez en mesure de vous en rappeler.

Enfin, servez-vous du sommeil comme d'une aide précieuse entre les sessions d'apprentissage. Le sommeil après l'apprentissage est un élément clé du processus de construction de la mémoire, et avant l'apprentissage, le sommeil consolide votre mémoire et vos capacités mentales. Après tout, ne dit-on pas que la nuit porte conseil ?

De courtes siestes permettent de sceller les connaissances acquises. Le début du sommeil suffit à déclencher des processus de consolidation actifs qui restent efficaces même si l'on se réveille peu après. Les résultats montrent que même un sommeil court suffit à vous aider à vous souvenir de ce que vous avez appris. Les siestes plus longues (au-delà de 60 minutes) sont également propices au stockage de nouvelles informations dans notre mémoire permanente. Une bonne nuit de sommeil favorise encore plus efficacement une bonne mémoire et une bonne réflexion.

Plus l'esprit est sollicité, plus la mémoire peut devenir puissante. En prenant le contrôle du stockage des informations, vous pourrez non seulement retenir les nouvelles informations, mais

aussi consolider et affiner les connaissances que
vous possédez déjà.

97

6. Comment continuer à briller grâce sa tête et à son corps

De nombreuses études ont montré que l'exercice physique contribue à réduire le stress, à augmenter l'énergie, à améliorer l'humeur et même à nous rendre plus créatifs.

L'exercice peut être cependant une habitude très difficile à maintenir. Mais s'il y a une chose qui aide vraiment à s'y mettre et à en faire une habitude à long terme, c'est bien ceci :

Entraînez-vous de manière à pouvoir profiter de ce que vous aimez

Vous devez apprécier le fait de vous entraîner. Quoi que vous fassiez : courir, lever du poids, faire du cardio, des arts martiaux, du yoga ou autre, vous devez choisir une méthode d'entraînement qui vous plaise vraiment.

Admettons par exemple que vous aimiez les arts martiaux. Vous avez beaucoup plus de chances de vous tenir à votre entraînement s'il inclut des arts martiaux sous une certaine forme, plutôt que de courir ou de soulever des altères. Si vous n'aimez aucune activité physique en particulier, vous êtes peut-être un mélomane. Écoutez vos musiques préférées pendant votre séance et vous constaterez que vous serez bien plus motivé pour vous lever tôt et vous entraîner, ou que la séance d'entraînement physique sera moins pénible et plus agréable, car vous aurez une musique motivante pour vous accompagner. Vous pouvez également écouter un podcast ou un livre audio pendant que vous courez ou faites du sport. C'est l'un des meilleurs moyens d'apprendre de nouvelles choses tout en maintenant votre corps et votre esprit en forme.

Quoi qu'il en soit, l'exercice est essentiel, alors trouvez un moyen d'en faire. Les Navy SEALs font évidemment des exercices quotidiens qui non seulement endurcissent physiquement les soldats, mais développent leur discipline de fer. Si vous commencez à vous lever tôt le matin pour aller courir, vous deviendrez certainement plus discipliné dans tous les autres domaines de la vie.

La méditation

Comme nous l'avons indiqué précédemment, la méditation est un autre facteur très important, mais elle n'est pas tout à fait ce que beaucoup de gens pensent.

Si vous n'êtes pas porté sur l'idée traditionnelle de la méditation, vous pouvez méditer tout en faisant pratiquement n'importe quoi, à condition d'utiliser la bonne méthode : la méditation de pleine conscience, ou "mindfulness" en anglais. De plus, des études ont démontré que juste cinq à dix minutes de méditation par jour sont déjà très bénéfiques, ne croyez donc pas que vous devez rester assis pendant une demi-heure tous les jours. Comme pour l'exercice physique, il existe de nombreuses méthodes et formes de méditation différentes, alors lancez-vous et faites quelques expériences pour trouver la méthode et la forme qui vous conviennent. Chaque personne est différente et les mêmes méthodes de méditation ne fonctionnent pas forcément pour chacune. Il existe de nombreuses applications et vidéos YouTube qui vous aideront à trouver la méthode qui vous convient le mieux. Commencez en douceur, et vous vous rendrez compte que, comme pour le sport, votre corps finira par en demander quotidiennement, toujours plus.

La marche consciente

La méditation de pleine conscience, également connue sous le nom de méditation marchée, est une forme de méditation en mouvement. On peut la pratiquer de manière formelle comme un exercice dédié et de manière informelle en prêtant attention à chacun de vos pas et à ce qui se passe autour de vous lorsque vous marchez.

Cette dernière pratique est excellente pour les mêmes raisons que la méditation formelle (bien que moins ciblée), mais il y a une autre excellente raison de faire de la marche consciente : elle vous aide à vous mettre à l'écoute de votre corps.

Parfois, il y a des phénomènes dans notre corps que l'on ne remarque même pas. Dans le monde dans lequel nous vivons, nous avons trop tendance à oublier d'écouter véritablement ce que notre corps réclame, et cédons à des tentations plutôt dirigées par notre cerveau. Certaines maladies chroniques sont souvent insidieuses et invisibles. Cependant, en apprenant à se mettre à l'écoute de son corps par la marche consciente, on peut remarquer ces débuts de problème avant qu'ils ne s'aggravent, ou mettre le doigt sur un problème que nous avons mais dont nous n'avions auparavant jamais pris conscience réellement.

Cet exercice nous fournit de nombreuses occasions de faire régulièrement et facilement le check-up de notre esprit et de notre corps : il suffit de vaquer à nos occupations quotidiennes. S'écouter insensément est bénéfique non-seulement pour notre corps, mais aussi pour notre esprit : nous "savons" intimement de quoi nous avons besoin, simplement nous nous sommes laissés submerger par la vie et avons arrêté de nous écouter.

Levez-vous de bonne heure

Se lever tôt est une habitude qui pourrait vous prendre des années à mettre en place, mais elle en vaut vraiment la peine. Vous pouvez facilement devenir un lève-tôt en suivant ces conseils.

Il y a tout de même des points positifs à se coucher tard, si par exemple vous trouvez que vous êtes plus productif ou plus créatif le soir. Mais généralement, la plupart des gens sont plus productifs aux premières heures de la matinée.

De plus, se lever tôt et suivre une routine matinale vous préparent à commencer chaque jour dans le bon état d'esprit pour aborder les problèmes et prendre des décisions.

C'est donc un facteur à prendre en compte si vous n'êtes pas déjà un lève-tôt.

Adoptez une routine du soir

Adopter une routine efficace au coucher qui prépare votre esprit au sommeil et contribue à en maximiser la qualité, est également une pratique incroyablement bénéfique. Malheureusement, nombreux sont ceux qui, en Occident, n'ont pas assez conscience de la valeur du sommeil. Nous faisons passer le travail avant le bien-être et préférons différer le sommeil "quand nous serons morts". Cependant, deux décennies de recherches scientifiques montrent que ce n'est pas seulement nocif pour votre santé, mais aussi un choix improductif. Dès que nous sommes fatigués ou ne passons pas une bonne nuit de sommeil, notre cerveau réagit de la même manière que si nous étions ivres : nos réflexes sont ralentis, nous n'arrivons pas à nous concentrer, tout ce que nous faisons n'aura pas le même impact que si nous le faisons reposé et éveillé.

Vous ne regretterez pas de prendre le temps de créer une routine du soir simple mais efficace pour favoriser votre sommeil. Vous pouvez, par exemple, couper tout appareil électronique deux ou trois heures avant le coucher, prendre du magnésium et rédiger un plan détaillé de ce que vous devez faire dès que vous vous levez le lendemain. Cela vous permettra de vous détendre, d'avoir la tête vidée de tout tracas, et d'éviter la pollution lumineuse créée par les appareils électroniques. Mais simplement avoir un rituel est également positif, car il prépare votre cerveau et votre corps au repos. Si vous aimez boire une tasse de thé avant de vous coucher, alors faites-le chaque soir. Cela indiquera à votre cerveau que vous êtes prêt à dormir, comme un réflexe conditionné.

Supprimez le sucre, buvez plus d'eau, achetez votre nourriture à sa source

C'est la recette de base en matière de conseils diététiques. Au fil des ans, on a appris et essayé beaucoup de choses différentes en matière d'alimentation.Il existe tellement de conseils que le sujet peut sembler pour le moins confus. Ces recommandations communes sont pourtant extrêmement simples et efficaces : commencez par supprimer le sucre, il est extrêmement mauvais pour la santé. Il est acceptable occasionnellement, voire quotidiennement, à condition de ne pas dépasser 50 g (idéalement 30 g). Mais évitez les aliments sucrés au sucre blanc ou au fructose, car le sucre transformé est une drogue difficile à supprimer de notre vie. Le documentaire "That Sugar Film" vous en dira plus sur le sujet si cela vous intéresse.

Buvez plus d'eau : achetez une gourde ou une bouteille et vous aurez mille fois plus de chances de conserver la bonne habitude de boire de l'eau tous les jours. Buvez environ deux litres par jour, mais vous devez définir la quantité idéale pour vous en fonction de votre poids. Selon votre hygiène de vie, votre sexe, votre âge, vous pouvez calculer combien d'eau vous avez besoin. Il ne s'agit pas seulement d'eau pure, mais également de tisanes, de thé et même des aliments que vous mangez. Néanmoins, l'eau est la façon la plus efficace de vous hydrater. En coupant tous les facteurs externes qui peuvent vous déshydrater, vous vous assurez un corps sain, moins fatigué et éliminez les toxines plus facilement.

Achetez vos aliments à la source : y a-t-il une ferme dans le secteur où vous vivez ? Ou un marché de producteurs ? Impeccable. Votre épicerie propose-t-elle un rayon d'aliments issus de fermes locales ? Parfait. Ce conseil s'applique également à la nature des aliments que vous consommez. Moins d'aliments transformés vous mangerez, plus votre corps aura des nutriments nécessaires pour bien fonctionner, et plus vous serez alertes (vous aurez moins besoin de digérer!), sans carences, et découvrirez un monde culinaire bien plus avancé

Ajoutez encore des aliments complets à vos repas et achetez un presse-agrume. Evitez le pain blanc par exemple, choisissez le pain le plus complet que votre boulangerie vous propose. Pensez aux légumineuses plus qu'aux pâtes ou au riz.

Restez simple et utilisez cette méthode pour tirer le meilleur bénéfice de votre changement de régime alimentaire, ce qui vous permettra de gagner du temps pour vous concentrer sur ce qui est le plus important pour vous.

Trouvez des amis qui comprennent vos défis

Nous sommes des êtres sociables. Quoi que vous en pensiez, vous ne pouvez pas y échapper. À ce titre, plus nous sommes sociables, plus nous sommes sains et équilibrés.

Il y a cependant quelque chose de très particulier dans nos relations qui nous aide plus que toute autre chose : des personnes qui comprennent nos challenges et avec lesquelles nous communiquons fréquemment sur ce sujet. En manquer est souvent une des raisons du suicide chez ceux qui souffrent de dépression ou de harcèlement.

Lorsque nous nous entourons de personnes qui écoutent et comprennent ce que nous vivons, on y arrive plus facilement, comme par magie. C'est un détail tout simple que nous négligeons souvent, mais qui est vraiment crucial pour notre santé mentale et même physique. Si les personnes ont des intérêts similaires aux vôtres, alors vous aurez des partenaires d'exercice, et vous pourrez vous encourager l'un l'autre lorsque les temps sont difficiles. Si votre ami n'arrive pas à sortir du lit pour aller à la gym avec vous, encouragez-le ! Plus vous vous entraidez, plus vous serez enclin à avoir une routine saine. Mais cela peut également être mentalement : entourez-vous de personnes positives, avec un regard intéressant sur les choses, et prenez exemples des choses qu'ils font et que vous admirez. S'entourer de personnes qui vous inspirent est le meilleur moyen pour devenir une meilleure personne.

Trouvez-vous un projet ou un exutoire créatif

Si vous avez déjà des passions depuis un certain temps, vous savez à quel point cela peut vous faire du bien.

L'énergie que nous tirons de nos passions est illimitée et nous redonne la vitalité qu'il est difficile (voire impossible) de gagner autrement.

Si vous n'avez pas encore pris le temps de trouver ce qui vous passionne et de le vivre de tout votre être, commencez dès maintenant, il n'est jamais trop tard. Peut-être même que votre passion réside en quelque chose dont vous n'auriez jamais pensé ! Ouvrez-vous aux choses et ayez un esprit curieux.

Nous négligeons souvent la santé de notre corps et de notre esprit, mais elle affecte tous les domaines de notre vie, de notre bonheur à notre capacité de travail. Commencez par prendre un ou deux de ces points, intégrez-les dans votre vie comme de nouvelles habitudes pour créer un changement positif progressif qui s'étendra bientôt à tous les domaines de votre vie.

7. Comment cultiver sa volonté

Avant de comprendre comment cultiver sa volonté, il faut bien comprendre ce qu'elle est. Une des définitions les plus élémentaires est qu'elle consiste à retarder ce que l'on désire immédiatement pour atteindre un objectif à long terme.

La volonté est souvent définie comme la résolution ou la maîtrise de soi et peut impliquer un certain nombre de caractéristiques cognitives et comportementales différentes. Elle requiert un effort conscient et souvent même un investissement important de ressources émotionnelles et cognitives.

La volonté consiste à résister à ses instincts, à lutter contre les tentations et à employer différentes stratégies pour garder le contrôle de soi.

De nombreux experts s'accordent à dire que la volonté est une ressource limitée. Pendant une célèbre expérience, des participants ont été placés dans une pièce avec un bol de biscuits sortis du four et un bol de radis. Certains sujets ont été informés qu'ils pouvaient manger les biscuits, tandis que d'autres ne devaient manger que les radis. Au bout de 30 minutes, les sujets étaient invités à résoudre une énigme difficile. Ceux qui avaient mangé les biscuits ont pu travailler sur le problème pendant près de 20 minutes.

Mais combien de temps ont tenu ceux qui n'avaient mangé que les radis ? Huit minutes à peine. Comme les sujets avaient épuisé leur réserve de volonté en résistant aux délicieux biscuits, ils ne se maîtrisaient plus assez pour résoudre l'énigme. Malgré ce que l'on aime à penser, la volonté est quelque chose qui s'entraîne, mais qui doit aussi être utilisée à bon escient. Pourquoi se priver si cela n'a aucun impact, ou au contraire pourrait vous bénéficier plus tard (comme dans l'exemple ci-dessus) ? Mais plus vous entrainerez votre volonté, plus facile il vous sera de l'appliquer longtemps et régulièrement.

Nous savons maintenant ce qu'est la volonté, mais pourquoi est-elle si importante ? Nous allons découvrir ensemble dans les prochaines pages pourquoi la volonté pourrait être ce qui permet ou empêche d'atteindre vos objectifs.

Pourquoi la volonté est-elle fondamentale ?

Contrairement à ce que l'on tente à croire, le talent, la force ou la chance n'ont qu'un très petit impact sur le résultat final de tout ce que nous faisons. La volonté fait toute la différence, en tout cas dans la plupart des réussites. C'est ce qui nous aide à adopter de nouvelles habitudes et nous maintient sur la voie que nous avons choisie, quelle que soit la difficulté. C'est ce qui nous aide à résister aux distractions et à mener une vie productive.

En quelques sortes, avoir une volonté de fer est un super-pouvoir, au moins en partie. En quelques mots, la volonté est notre capacité à retarder la satisfaction. C'est la maîtrise de soi qui nous aide à résister aux instincts qui nous distraient et nous font persévérer.

Comme le dit si bien l'American Psychological Association, "la volonté est la capacité de résister aux tentations à court terme afin d'atteindre des objectifs à long terme" . Elle est considérée comme l'un des principaux facteurs de la réussite, tant personnelle que professionnelle. Communément appelée "maîtrise de soi", la volonté est ce qui nous aide à créer des changements positifs durables dans

113

nos vies. C'est une force intérieure qui nous aide à atteindre nos objectifs, malgré les obstacles qui surviennent inévitablement en cours de route.

La nature de la volonté est complexe. C'est une des raisons pour lesquelles elle est devenue un sujet de recherche pour de nombreux psychologues et scientifiques. En ce qui concerne la science de la volonté, il existe trois grands noms à connaître. Chacun d'eux a étudié le sujet de son propre point de vue, mais c'est la somme des résultats de tous leurs travaux qui a jeté les bases de notre compréhension de la volonté aujourd'hui.

Il est impossible d'aborder l'aspect scientifique de la volonté sans mentionner Walter Mischel (1930-2018). Walter Mischel est surtout célèbre pour son Stanford Marshmallow Test (aussi appelé le "test de la guimauve"), qui reste l'une des études les plus précieuses sur la récompense différée. Le test est simple, mais génial.

On a demandé à un groupe d'enfants de choisir entre recevoir un bonbon immédiatement ou attendre quinze minutes pour en recevoir deux en récompense. On en a alors déduit que les enfants capables de retarder la gratification jouissaient d'une plus grande volonté (une conclusion évidente). L'étude ne s'en est pas toutefois tenue là. Les jeunes participants au Marshmallow Test ont en fait été soumis à une évaluation sur le long terme. On a constaté que ceux qui avaient été capables de retarder la gratification pendant leur enfance avaient de meilleurs résultats dans la vie à l'âge adulte. Leur réussite dans la vie était mesurée en termes d'éducation, de performances professionnelles, de santé et d'autres paramètres encore.

Roy Baumeister (1953 -) est une autre figure importante sur la scène de la science de la volonté. En collaboration avec d'autres scientifiques, le Dr. Baumeister a découvert que notre volonté, tout comme un muscle, peut fatiguer si nous consacrons trop de temps à des activités qui exigent la maîtrise de soi. Selon Baumeister, notre volonté dépend du niveau d'énergie disponible dans notre cerveau à un moment donné. Pour illustrer son hypothèse, Baumeister a réalisé une expérience impliquant des aliments auxquels il est difficile de résister. Les participants devaient résister à la tentation de manger du chocolat et accomplir ensuite une série de tâches intellectuelles. Ceux qui ont réussi à résister à la tentation alimentaire ont semblé plus fatigués et ont obtenu de moins bons résultats dans leurs tâches.

En 2010, une étude menée par Veronika Job, chercheuse à l'université de Stanford, et ses collègues, a tenté de démontrer que nos préjugés sur la volonté pouvaient jouer un rôle clé. Une série d'expériences a prouvé que lorsque nous croyons que notre volonté est limitée, elle le devient effectivement. En revanche, si on pense que la volonté est infinie et inépuisable, on fait preuve d'une plus grande maîtrise de soi et on ne risque pas de venir à bout de notre volonté. Cette découverte fit grand bruit, car elle va à l'inverse de tout ce que la communauté scientifique pensait de notre capacité à utiliser notre volonté à notre gré. Le travail de Job montre ici que tout n'est qu'une question de mental, et nos pensées et préjugés conditionnent nos actions bien plus que nous le pensions.

Bien que la volonté fasse l'objet d'une certaine controverse, de plus en plus de recherches suggèrent qu'elle doit être considérée comme un muscle. Nous en déduisons donc les réflexions suivantes :

Pour renforcer un muscle, il faut l'exercer. Lorsque vous travaillez trop, vos muscles se fatiguent et ont besoin de temps pour récupérer.

Dans le contexte de l'autodiscipline, il s'agit d'entraîner régulièrement notre volonté, mais en nous autorisant à nous détendre de temps en temps, pour permettre au "muscle de la volonté" de retrouver son niveau d'énergie.

Comment travailler le muscle du self-control (et améliorer la volonté)

Contrairement à la croyance populaire, améliorer sa volonté ne consiste pas à "pousser" plus fort. Il s'agit plutôt de comprendre la nature de la volonté et de l'utiliser pour "pirater" le système dans lequel elle fonctionne.

Voici quelques exercices pour entraîner le muscle de la maîtrise de soi :

Exercice quotidien. Des milliers de personnes se promettent de faire de l'exercice tous les jours. Pleines de bonnes intentions, elles s'abonnent à une salle de sport, s'y rendent pendant quelques semaines de manière régulière, puis abandonnent. Dans presque tous les cas, elles le doivent au manque de discipline. Commencer un sport demande de la volonté, ce qui en fait un excellent moyen d'entraîner les muscles de la volonté. L'astuce, cependant, est de commencer petit et d'augmenter progressivement. Si votre volonté est limitée, il vous faut tromper un peu votre cerveau. Fixez-vous de petits objectifs pour commencer : plus ils seront petits, mieux ce sera, votre cerveau (et par conséquent votre volonté) ne doit pas tirer la sonnette d'alarme parce que "vous n'allez pas y arriver". Si vous ne pouvez pas grimper les 5 étages du premier coup, tenez-vous en à un étage et prenez l'ascenseur. Au fur et à mesure que votre volonté s'améliore, allongez l'entraînement. De plus, comme pour la méditation, plus vous commencez avec des objectifs simples et atteignables, moins vous serez démotivés ou aurez peur de commencer l'exercice. Ne vous dites pas que vous allez aller à la gym cinq fois par semaine d'emblée, même si vous le voulez et êtes prêt à le faire. Commencez par une fois par semaine, chaque mercredi par exemple, et tenez-vous à cela. Puis augmentez petit à petit afin de ne pas effrayer ni votre corps ni votre cerveau. Patience et résilience sont les maîtres-mots de la volonté de fer.

Nourrissez votre cerveau de bons aliments. La volonté et la prise de décision sont étroitement liées. Chaque fois que vous sollicitez votre volonté, vous déclenchez un conflit entre les parties rationnelles et émotionnelles de votre cerveau. Vous devez vous décider entre la gratification immédiate ou un bénéfice plus important et différé. Des études suggèrent qu'une mauvaise alimentation vous rend beaucoup plus susceptible de faire des choix émotionnels. Dans cette optique, commencer par un petit changement vous sera d'un grand secours. Mettez moins de sucre dans votre café, voire plus du tout. Remplacez la tartine de pain par une option au blé complet. Remplacez la bière ou le cola par de l'eau ou une tisane. Maintenez ces changements à un tout petit niveau afin que votre cerveau ne s'en rende pas compte. L'alimentation a un effet non-négligeable sur la façon dont notre cerveau pense. Plus vous serez sain (sans pour autant devenir un maniaque de l'alimentation), plus vous serez éveillé, alerte et en pleine forme. Essayez ! Faites quelques petits changements dans votre alimentation, éduquez-vous et remarquez les effets que cela a sur votre corps. Par exemple, si vous arrêtez totalement de boire de l'alcool (même si vous n'en buvez qu'en petites doses), remarquez à quel point il est plus facile de vous lever le matin et comme votre niveau d'énergie est constant durant toute la journée, avant de vous endormir facilement et avoir un sommeil réparateur. En un rien de temps, vous serez en mesure d'améliorer votre volonté.

Développez votre système de récompense. Le cerveau humain est prédisposé à préférer une gratification immédiate plutôt qu'une récompense différée, aussi grande soit-elle. En avoir conscience peut vous aider à résister à la tentation. Si vous décomposez votre grand objectif en plusieurs petits et que vous leur associez une bonne récompense une fois atteints, votre volonté n'en sera que plus forte.

Musclez votre volonté, mais n'en faites pas trop. Des études suggèrent que l'entraînement de la volonté fait des merveilles, tant qu'il est fait avec modération. Si vous devenez un maniaque du contrôle ("control freak") et que vous le restez, vous vous épuiserez. N'oubliez pas que votre volonté a besoin d'être rechargée.

Travaillez sur votre niveau de stress. Selon des études sur le lien entre stress et volonté, il y a bel et bien un impact sur le comportement orienté vers un objectif lorsque nous sommes agités. Si nous sommes calmes, nous sommes plus susceptibles d'écouter la partie rationnelle de notre cerveau (une alliée de la volonté) au lieu d'agir sous le coup de l'émotion et de céder à la tentation.

Fixez-vous des objectifs réalistes. Il n'y a aucun mal à être ambitieux, sauf si vous échouez souvent. Lorsque vos objectifs ne sont pas réalistes, vous perdez avant même de commencer à jouer. Le processus semble difficile au début, mais dès que vous réalisez que vous n'y arriverez pas, votre estime de soi en pâtit, tout comme votre volonté. Fixez-vous des objectifs suffisamment importants pour être motivants mais malgré tout réalisables. Vous pouvez également décomposer vos objectifs en sous-activités et travailler sur un seul petit objectif à la fois. Les progrès renforceront votre estime de soi et votre volonté.

Pour maîtriser votre volonté, ayez toujours ces principes à l'esprit :

La volonté est renforcée par une sollicitation régulière. Vous pouvez entraîner votre volonté avec de petites choses comme faire votre lit tous les matins ou choisir un fruit plutôt qu'un biscuit au moins deux fois par semaine. Commencez petit puis augmentez à mesure que vos compétences en self-control se développent.

La volonté est un muscle que vous pouvez entraîner. Vous n'êtes pas destiné à être esclave de vos mauvaises habitudes pour toujours. Certaines sont bien sûr difficiles à perdre, mais tant que vous gardez votre objectif en tête et que vous cherchez à renforcer votre volonté, rien n'est impossible. Vous pouvez devenir une meilleure version de vous-même ; vous en détenez le pouvoir.

La volonté est l'un des meilleurs outils pour résister aux distractions et augmenter votre productivité.

Ce que les SEALs nous apprennent sur la volonté

De nombreux anciens Navy SEALs ont partagé leur expérience après avoir quitté la Navy, bien que certains l'aient fait par intérêt (il y a d'ailleurs quelques affaires judiciaires en cours). La Marine américaine n'est pas tendre avec ceux qui trahissent leur devoir de réserve, pourtant la plupart l'ont fait pour essayer d'être une source d'inspiration pour les autres.

Il y a ceux qui ont raconté les secrets de l'entraînement physique auquel sont soumis les

Navy SEALs, ceux qui se sont concentrés sur la diététique, et ceux qui se sont penchés sur les qualités morales requises pour la tolérance au stress et aux conditions extrêmes.

Il y a heureusement aussi ceux qui ont souligné que devenir un Navy SEAL est avant tout **une question de volonté**. Il suffit de le vouloir. Vraiment.

Nous n'ignorons évidemment pas qu'il y a d'incontournables prérequis physiques et démographiques (par exemple, seuls les hommes et femmes âgés de 18 à 28 ans sans casier judiciaire peuvent prétendre à ce corps spécial), mais le principe ne change pas : quand on veut, on peut.

La formation d'un Navy SEAL n'encourage pas seulement à courir vite, à nager longtemps ou à escalader des obstacles sur un parcours. "Il est plutôt question de la flamme qui brûle en vous", a déclaré SEAL Charlie Mike. Il a ajouté que la formation et les examens sont conçus pour mettre à l'épreuve **la volonté** des candidats bien plus que leurs simples capacités physiques.

Même les bons coureurs ou les bons nageurs échoueraient sans une volonté de fer, car les examinateurs savent comment les "atteindre". C'est leur objectif, en fin de compte : écrémer, identifier le meilleur en tout, pas seulement celui qui a de grandes aptitudes physiques.

La formation pour devenir un SEAL se fait sur la base du volontariat et c'est précisément ce qui fait la différence : personne n'est forcé de rester. Celui qui veut abandonner n'a qu'à franchir la porte. Celui qui souhaite rester, au vu de la difficulté de la formation, doit donc avoir une forte, une très forte motivation pour réussir.

La force de votre volonté d'atteindre l'objectif est directement proportionnelle à votre capacité à prendre les décisions à même de vous y mener. Les SEALs insistent beaucoup sur ce point : il n'y a pas de demi-mesure. Vous vous engagez et vous réussissez, si non, c'est que vous ne le vouliez pas assez. Si vous voulez être un SEAL, vous devez tout donner. Si vous n'êtes pas prêt à ça, il vaut mieux arrêter d'office.

Le secret, répète Charlie Mike, c'est de déterminer ce que vous êtes prêt à donner. Au moment où vous décidez ce que vous êtes prêt à sacrifier pour atteindre votre objectif, vous avez fait la moitié du chemin. Cette décision en nous, ainsi que l'état d'esprit constituent une bonne partie de ce qu'il vous faut pour réussir dans votre entreprise. Il n'y a pas de place pour "je n'y arrive pas" ou "je ne sais pas le faire". Lorsque vous avez décidé d'un objectif, vous l'atteignez, c'est tout. C'est pourquoi l'entraînement des Navy SEALs insiste autant sur l'aspect mental et la motivation : c'est l'esprit qui commande. Maîtrisez votre esprit, et vous maîtriserez votre corps.

8. Comment développer la confiance en soi

Les personnes confiantes ont des qualités que, consciemment ou inconsciemment, nous admirons tous : l'éloquence d'un médecin calme à qui nous confions notre santé, ou le grand charisme d'un orateur inspirant.

La confiance en soi est extrêmement importante dans presque tous les domaines de notre vie, et pourtant beaucoup ont du mal à la trouver. Malheureusement, c'est parfois un cercle vicieux : ceux qui manquent de confiance en eux peuvent avoir des difficultés à réussir.

On peut comprendre que les gens hésitent à soutenir un projet lancé par quelqu'un de nerveux, arrogant ou pas assez sûr de lui.

Vous serez au contraire plus facilement convaincu par quelqu'un qui parle clairement, garde la tête haute, répond avec confiance aux questions et admet volontiers qu'il ne sait pas quelque chose.

Les personnes confiantes inspirent confiance aux autres : leurs followers, les gens de leur âge, leur hiérarchie, leurs clients ou leurs amis. Et gagner la confiance des autres est l'un des principaux moyens de réussir pour une personne confiante.

La bonne nouvelle c'est que la confiance en soi s'apprend et se construit. Et si vous travaillez sur votre confiance en vous ou sur la confiance de votre entourage, vous devrez travailler dur pour atteindre cet objectif.

À quel point avez-vous l'air sûr de vous ?

Votre niveau de confiance en vous peut se manifester de nombreuses façons : par votre comportement, votre langage corporel, votre façon de parler ou vos propos, etc. Comparez les comportements suivants, communs aux personnes confiantes, avec les comportements associés à un faible niveau de confiance en soi. Quelles réflexions ou actions reconnaissez-vous chez vous et chez votre entourage ?

Vous faites ce qui vous semble juste, malgré les moqueries ou les critiques *OU* Votre comportement est influencé par ce que les autres pensent.

Vous êtes prêt à prendre des risques et à tout faire pour obtenir les meilleurs résultats possibles *OU* Vous restez dans votre zone de confort par peur de l'échec et évitez donc de prendre des risques.

Vous admettez vos erreurs et en tirez des leçons *OU* Vous vous efforcez de les dissimuler et espérez pouvoir régler le problème avant que quelqu'un ne le remarque.

Vous attendez que les autres vous félicitent pour vos résultats *OU* Vous vous vantez de vos qualités aussi souvent que possible auprès du plus grand nombre.

Vous acceptez de bon cœur les compliments : "Merci, j'ai vraiment travaillé dur sur ce prospect. Je suis content que vous reconnaissiez mes efforts" *OU* Vous repoussez les compliments, l'air désinvolte, "Oh, ce n'était pas si difficile, tout le monde aurait pu le faire".

Comme vous pouvez le voir dans ces exemples, le manque de confiance en soi peut mener à l'autodestruction et se manifeste souvent par de la négativité. Les personnes confiantes sont généralement plus positives : elles croient en elles-mêmes et en leurs capacités, et elles croient également qu'il faut vivre pleinement.

Deux facteurs, principalement, contribuent à la confiance en soi : l'auto-efficacité et l'estime de soi.

Nous éprouvons le sentiment d'auto-efficacité lorsque nous nous voyons (ainsi que nos pairs) maîtriser des compétences et atteindre des objectifs importants dans certains domaines de compétence. Il s'agit de la confiance que nous réussirons si nous apprenons et travaillons dans un domaine précis, c'est grâce à cette certitude que les gens relèvent des défis difficiles et persévèrent malgré les critiques.

Elle se recoupe avec l'estime de soi, un sentiment plus général qui nous permet d'affronter les événements de notre vie et d'avoir le droit d'être heureux. L'estime de soi provient en partie du sentiment d'approbation par l'entourage. Elle est cependant aussi liée à l'impression d'agir correctement, à la confiance en ce que nous faisons et en nos capacités, et donc en notre succès quand nous nous engageons.

Certains pensent que la confiance en soi peut se construire grâce à des citations et des pensées positives. Certes, il y a sans doute une part de vérité dans ce postulat, mais il est tout aussi important de renforcer la confiance en soi en se fixant des objectifs et en les atteignant, afin de construire sa compétence. Les pensées positives et citations motivantes ne sont que des accessoires pour agrémenter la confiance en soi. Mais c'est en réalité un travail de fond et un effort constant de se focaliser sur cela. Sans cette compétence fondamentale, vous ne pourrez jamais avoir confiance en vous, avec tous les problèmes, les contrariétés et les échecs que cela implique.

Construire la confiance en soi

Comment construire un sentiment équilibré de confiance en soi fondé sur une solide appréciation de la réalité ?

Mauvaise nouvelle : il n'existe pas de solution miracle à mettre en œuvre en cinq minutes. Bonne nouvelle : il est possible de devenir plus confiant, à condition d'avoir la concentration et la détermination nécessaires pour tenir vos engagements. Encore mieux : ce que vous ferez pour renforcer votre estime de soi sera également la raison de votre succès. Au final, votre confiance en vous viendra de résultats réels et fermes, et personne ne pourra vous priver de ce sentiment.

Découvrons ensemble comment traverser les étapes qui vous attendent.

Préparation

La première étape consiste à vous préparer au voyage que vous entreprendrez pour gagner confiance en vous. Vous devez faire le point sur votre situation actuelle, réfléchir à vos objectifs et vous engager à les atteindre et adopter le bon état d'esprit pour votre voyage. Il est utile de prendre quelques jours, voire même quelques semaines, afin de mettre sa vie à plat. Littéralement : écrivez votre vie passée, vos envies, vos désirs et vos objectifs. Cherchez à comprendre qui vous êtes et ce que vous vous voulez dans la vie. Demandez conseils à des proches, à leur façon de vous voir et écrivez leurs commentaires. Cela ne va peut-être pas être une partie de plaisir, mais c'est un effort nécessaire pour apprécier ce qui vous attend !

Faites le bilan de ce que vous avez déjà accompli

Réfléchissez à votre vie jusqu'ici et dressez la liste des dix principales choses que vous avez accomplies, dans une sorte de "palmarès". Vous avez peut-être été classé premier à un test ou à un examen important, vous avez joué un rôle clé au sein d'une équipe, vous avez vendu le plus de produits à un moment donné, vous avez fait quelque chose qui a fait une différence dans la vie de quelqu'un d'autre ou vous avez mené à bien un projet qui avait une grande importance pour votre entreprise.

Mettez ces résultats dans un document intelligemment rédigé, que vous pourrez consulter régulièrement. Puis chaque semaine, prenez quelques minutes pour apprécier les succès déjà obtenus !

Pensez à vos points forts

Examinez attentivement qui vous êtes et où vous en êtes dans votre vie. Appuyez-vous sur votre évaluation de performance et réfléchissez aux événements récents, pensez à ce que vos amis considéreraient comme vos points forts et vos points faibles. À partir de là, analysez les opportunités et les problématiques auxquels vous êtes confronté. Veillez à prendre quelques minutes pour étudier vos points forts !

Pensez à ce qui est important pour vous et où vous voulez aller

Ensuite, concentrez-vous sur les choses vraiment importantes pour vous et sur ce que vous voulez réaliser dans votre vie.

Fixer et atteindre des objectifs est un élément clé de ce processus, et c'est de là que naît la véritable confiance. Leur mise en œuvre fait partie du processus pour les concrétiser et mesurer le succès de leur réalisation.

Fixez-vous des objectifs qui s'appuient sur vos forces, minimisent vos faiblesses, bénéficient des opportunités et maîtrisent les risques auxquels vous êtes confronté.

Une fois les principaux objectifs de votre vie définis, identifiez la première étape pour atteindre chacun d'entre eux. Tenez-vous en d'abord à un tout petit pas : ne prenez pas plus d'une heure pour y arriver !

Commencez à gérer votre esprit et engagez-vous à réussir

À ce stade, il vous faut commencer à gérer votre esprit. Apprenez à reconnaître et à faire taire le dialogue intérieur négatif qui peut nuire à votre confiance.

La dernière étape consiste à vous promettre clairement et sans ambiguïté que vous allez totalement vous engager dans votre démarche et que vous ferez tout ce que vous pourrez pour y parvenir.

Si vous sentez que des doutes commencent à surgir, notez-les et traitez-les de manière calme et rationnelle. Si vous les dissipez grâce à cela, tant mieux. Mais s'ils sont fondés sur des risques réels, assurez-vous de vous fixer des objectifs supplémentaires pour gérer ces risques de manière appropriée.

La confiance en soi est une affaire d'équilibre. D'un côté, nous avons des personnes avec une faible estime de soi. De l'autre, nous avons des personnes trop confiantes. Sans confiance en vous, vous éviterez de prendre des risques, voire même vous n'essayerez même pas du tout. Et si vous êtes trop sûr de vous, vous prendrez des risques inconsidérés, vous attendrez trop de vos capacités et finirez par essuyer un échec. Vous pourriez même constater que vous êtes tellement bon dans ce que vous faites que vous n'engagez pas tant que ça pour réussir vraiment.

Pour gagner confiance en soi, il faut avoir la bonne dose de sécurité, fondée sur la réalité et sur vos véritables aptitudes. Avec une bonne part de confiance en soi, vous prendrez des risques éclairés, vous vous obligerez à vous dépasser (mais pas au-delà de vos capacités) et vous vous efforcerez d'atteindre vos objectifs.

Vous êtes prêts ? Alors commençons...

Les débuts

C'est là que vous commencez, tout doucement, votre parcours vers vos objectifs. En faisant ce qu'il faut et en commençant par de petites victoires faciles, vous vous engagerez sur la voie du succès et commencerez à cultiver la confiance qui en découle.

Développez les connaissances nécessaires pour réussir

En examinant vos objectifs, identifiez les compétences dont vous avez besoin pour les atteindre. Voyez ensuite comment les acquérir de manière sûre et appropriée. N'acceptez pas une ébauche de solution, à peine passable : recherchez une solution, un programme ou un cours qui vous donne toutes les armes pour atteindre vos objectifs et, idéalement, qui vous délivre un certificat ou une qualification dont vous pourrez vous prévaloir.

Concentrez-vous sur l'essentiel

À vos débuts, n'essayez pas de faire quelque chose de difficile ou de très élaboré. Et ne cherchez pas la perfection : amusez-vous à réussir les choses simples avec précision.

Fixez-vous de petits objectifs et atteignez-les

Commencez par de très petits objectifs préalablement identifiés. Prenez l'habitude de les fixer, de les atteindre et de fêter cette réussite. Ne vous fixez pas d'objectifs particulièrement ambitieux à ce stade, contentez-vous de les atteindre et de les fêter. Et, petit à petit, commencez à accumuler les réussites.*Continuez à gérer votre esprit*

Restez sur une ligne de pensée positive, continuez à faire la fête, profitez du succès et gardez vos objectifs à l'esprit. Parallèlement, apprenez à gérer l'échec. Acceptez d'avoir commis des erreurs quand vous avez essayé quelque chose de nouveau. En fait, si vous prenez l'habitude de considérer les erreurs comme des sources d'apprentissage, vous pourrez (presque) commencer à les voir sous un jour positif. Après tout, "ce qui ne vous tue pas vous rend plus fort".

Accélérez vers le succès

À ce stade, vous sentirez votre estime de soi grandir. Vous irez au bout de certains parcours et aurez beaucoup de succès à fêter !

C'est le moment de commencer à vous dépasser. Faites en sorte que vos objectifs soient un peu plus ambitieux et les défis un peu plus difficiles. Engagez-vous encore plus. Étendez vos compétences désormais éprouvées à des domaines nouveaux mais étroitement liés.

Gardez bien les pieds sur terre : c'est à ce moment-là que les gens ont tendance à être trop confiants et à en faire trop. Et veillez à ne pas commencer à apprécier le succès pour lui-même.

Tant que vous vous surpasserez, mais pas trop, vous verrez votre confiance grandir rapidement. Vous gagnerez également en estime de soi, car vous aurez tout fait pour réussir !

Se fixer les bons objectifs est probablement la compétence la plus importante pour améliorer son estime de soi, alors accordez une attention toute particulière à cette étape.

Les Navy SEALs estiment que ce sont trois aspects fondamentaux qui déterminent la discipline : un objectif clair, une idée précise de comment l'atteindre et l'attitude quand l'objectif est atteint. Le succès dans la vie se résume à l'effort que vous fournissez pour atteindre vos objectifs. Vous devez vous assurer que vos décisions et vos actions sont orientées vers la réussite pour passer ensuite à la prochaine mission.

9. Comment ne pas abandonner face aux difficultés

Le "ça", le "moi" et le "surmoi"

Pour mieux comprendre pourquoi nous abandonnons, nous devons rembobiner le film de notre vie et remonter dans le temps. Nous devons revenir aux débuts, quand nous sommes nés. Pourquoi donc ? Parce que notre naissance a également marqué la naissance de cette construction qui siège dans notre cerveau : notre esprit.

Nous naissons avec ce que Sigmund Freud a surnommé le "ça" : le "ça" est la partie fondamentale, instinctive de notre esprit. C'est de là que viennent les pulsions de manger, dormir, déféquer et à certain un moment, procréer. Il est inscrit dans le tissu même de notre ADN et fait partie de notre instinct de survie. Sans le "ça", nous nous sentirions constamment comme un poisson hors de l'eau.

Le "ça" se base sur ce qu'on appelle le « principe de plaisir ». Il réside entièrement dans le subconscient. Et son seul but est de nous aider à obtenir ce que nous voulons avec une récompense immédiate, si possible. Quand un enfant a faim, il pleure et veut manger. On ne peut pas raisonner un bébé affamé. Quand il a envie de déféquer ou d'uriner, il le fait, vous n'avez aucun moyen de l'en empêcher.

Ces pulsions sont intégrées dans l'esprit de l'enfant par le biais du "ça". Elles sont câblées. Pendant la petite enfance, l'esprit reste en grande partie un "esprit-ça". Les filtres des adultes n'existent pas encore chez les enfants, surtout les plus jeunes. Ils disent exactement ce qu'ils pensent. Ils disent que quelqu'un est gros ou laid, ou tout ce qui leur passe par la tête à ce moment-là, et embarrassent souvent leurs parents.

Bonne nouvelle : nos esprits ne restent pas éternellement les mêmes, ils évoluent.

En grandissant, notre esprit se divise en deux nouvelles parties : le "moi" et le "surmoi". Ensemble, ces trois parties constituent ce que Freud a classifié comme **appareil psychique tripartite**. Le "moi" et le "surmoi", contrairement au "ça", siègent à la fois dans le conscient et le subconscient.

Le "surmoi" dérive de notre éducation. Il se base sur les conseils de nos parents ou tuteurs et se développe à travers les lignes directrices de la communauté et de la religion. C'est pour ainsi dire notre boussole morale. C'est le rôle du "surmoi" d'être la voix de la raison, de nous aider et de nous guider pour faire ce qu'il faut. Mais il ne parvient pas toujours à ses fins. Dans ce cas, son rôle est d'infliger des sentiments de culpabilité ou de remords. Par exemple, lorsque nous suivons un régime et que nous nous démotivons et abandonnons, c'est le "ça" qui nous pousse à rechercher le plaisir. Le "ça" nous dit de nous moquer du régime et de manger ce gâteau au chocolat ou ce paquet de chips. Il nous aide à rechercher le plaisir et le réconfort, un peu comme le fameux petit diable sur notre épaule.

Le "surmoi", quant à lui, nous pousse vers la bonne direction. Il nous aide à faire ce qu'il faut. C'est particulièrement vrai lorsqu'il s'agit de faire des choses que nous savons mauvaises, comme mentir, tricher ou voler, pour n'en citer que quelques-uns. Le "surmoi" agit comme le petit ange sur l'autre épaule. Mais souvent, il n'est pas assez fort, et sa voix de la raison n'est pas assez puissante pour nous convaincre.

Le "moi" agit comme un arbitre. Il est gouverné par le principe de réalité. Il sait que l'on n'obtient pas toujours ce qu'on veut. Et son travail consiste à nous aider à obtenir ce que nous voulons, mais de façon réaliste. Cependant, la plupart du temps, il n'est pas assez fort pour arrêter les pulsions du "ça".

Si vous imaginez le ça comme un cheval de course, le "moi" en est le jockey et le "surmoi" un fan qui essaie de l'appeler depuis le bord du terrain ou les gradins. Souvent, le "moi" peut juste aider à amener le cheval de course vers une certaine direction plutôt que d'en changer.

C'est pourquoi la plupart d'entre nous abandonnent ce qu'ils pensaient désirer. Parce que le "ça" est un consommateur tout-puissant. Les forces du "moi" et du "surmoi" tentent constamment, durant toute notre vie, de faire taire et apprivoiser le "ça". Une mission qui s'avère plus difficile que l'on pense !

Douleur vs plaisir

Au milieu de tout cela, on trouve le paradigme de la douleur et du plaisir. Nous ferons toujours plus d'efforts pour éviter la douleur que pour éprouver du plaisir. Et comme le "ça" est uniquement fondé sur le principe de plaisir, quand le "ça" prend toute la place dans l'esprit, il l'emportera toujours sur ce qui suppose trop de douleur pour être réalisé.

C'est l'une des raisons pour lesquelles nous abandonnons. La psychologie de notre esprit se retourne contre nous. Dans la vie de certaines personnes, le "ça" est extrêmement puissant et influence une grande partie de leurs actions. Bien que beaucoup sachent comment obtenir ce qu'ils désirent dans la vie, ils ne font que se laisser aller à leurs plaisirs.

Les gens abandonnent leur régime parce qu'il implique un sacrifice et par conséquent, de la douleur. Pour beaucoup, cette douleur est vraiment réelle, car suivre un régime signifie qu'une part d'eux-mêmes doit disparaitre. Il convoque des sentiments de grande souffrance. De même, lorsque les gens essaient d'arrêter de fumer ou de perdre tout autre comportement addictif, ils sont confrontés à des problèmes similaires. L'esprit se débat avec une quantité importante de douleurs : des alarmes se déclenchent pour nous en éloigner. Nous faisons plus d'efforts pour éviter la douleur que pour obtenir du plaisir, et cela va à l'encontre des principes de base de notre esprit.

Réfléchissez-y un instant. Feriez-vous plus d'efforts pour gagner 100 000 € ou pour empêcher quelqu'un de voler 100 000 € sur votre compte bancaire ? Ce vol impliquerait une forte douleur. Et la plupart des gens feront plus pour éviter la douleur que pour obtenir du plaisir.

À ce stade, vous vous interrogez sans doute : si notre esprit est construit pour éviter la douleur et obtenir du plaisir, comment est-il possible de réussir dans la vie ? Comment ne pas renoncer à ce que je veux vraiment ?

Ne perdez pas espoir : le plus gros problème du paradigme douleur/plaisir est que les circuits sont programmés pour fonctionner à court terme, et non à long terme. Nous en faisons plus pour éviter la douleur à court terme que pour éprouver du plaisir à long terme.

Ceci explique que les fumeurs continuent à fumer, les personnes en surpoids continuent à manger, et les personnes surendettées continuent à dépenser, pour ne citer que quelques cas. La plupart du temps, notre cerveau n'est pas programmé pour voir au-delà du court terme, sauf à s'y forcer.Lorsque l'on fait un effort, on reprogramme son cerveau. Lorsque l'on considère les coûts des choses qui demandent un effort et nous font renoncer à autre chose sur le long terme, on peut surpasser les avantages qui donnent un plaisir à court terme.

Il nous faut nous éloigner de la notion de récompense immédiate Nous devons ignorer les désirs propres au ça. Nous devons pour ainsi dire "pirater" nos cerveaux, afin d'obtenir ce que nous voulons et ne pas constamment renoncer à nos espoirs et à nos rêves.

Comment ne pas abandonner et surmonter les difficultés Il est clair que notre esprit travaille constamment contre nous. Un conflit permanent et bien réel se déroule dans notre appareil psychique. Le plus gros inconvénient, c'est que la plupart de ces phénomènes se produisent pour ainsi dire en coulisses dans le subconscient.

L'être humain lambda a plus de 60 000 pensées par jour. En grande partie, ces pensées sont fondées sur la peur et déclenchent une agitation mentale et donc contrariétés et remords. Pour sortir de cette situation et ne pas abandonner, nous devons fournir de gros efforts.

Il n'existe pas de recette idéale pour passer de l'abandon permanent à la réalisation de ses rêves, mais on peut prendre certaines mesures.

Calculer les coûts

La première étape pour atteindre vos objectifs et ne pas abandonner est de calculer les coûts associés à votre comportement. Combien cela vous a-t-il coûté d'abandonner ? Que voulez-vous vraiment dans la vie ? Le vouliez-vous vraiment mais vous n'avez pas pu l'obtenir parce que vous avez baissé les bras face à des difficultés insurmontables ?

Lorsque nous calculons les coûts, nous déplaçons ce conflit dans notre esprit conscient plutôt que de le tenir caché dans le subconscient. Le rôle du moi est de nous aider à obtenir ce que nous voulons dans la réalité, mais pour ce faire, il nous cache souvent la vérité.

Par exemple, lorsque nous laissons tomber un régime, le "moi" peut dire : "Je n'y tenais pas assez, sinon j'aurais réussi", ou "Je suis obsessionnel", "C'est comme ça, et je ne peux rien y faire", et ainsi de suite. Il nous faut calculer les coûts réels et mettre en évidence les difficultés.

Nous parlons de coûts financiers, mais aussi de coûts émotionnels, moraux ou spirituels. Vous devez calculer ce que vous espérez de la vie et les difficultés que vous rencontrerez pour atteindre ces objectifs. Sans ce calcul, l'appareil psychique continuera à nous faire croire ce qu'il veut que nous croyions.

Soyez précis

L'une des plus grandes difficultés qui conduit à renoncer à son objectif, est de ne pas être extrêmement clair dès le départ sur ce qu'on veut concrètement. On commence par une vague idée dans son esprit et on se fixe un objectif abstrait. Certes, il est difficile de savoir ce que l'on veut vraiment au premier abord, et c'est là où la méditation ou la réflexion profonde peuvent entrer en jeu. Un esprit clair vous aide à savoir quel est votre but dans la vie, quels sont vos principes et ce à quoi vous tendez à atteindre de manière inconsciente. Fixer les bons objectifs a un impact important sur la réussite. Vous devez être très précis, vous devez savoir exactement ce que vous voulez et quand vous le voulez. Vous ne pouvez pas vous contenter de fixer des objectifs flous dans votre esprit. Peut-être même que ce que vous désirez est bien loin de ce que vous pensez. Ne vous fiez pas à ce que la société cherche à nous faire croire. Réalisez ce que vous voulez vraiment, quelles sont vos passions, qu'est-ce qui vous anime, ce pour quoi vous voulez vous battre.

La plupart des gens ne se fixent pas d'objectifs ainsi, ils ne précisent pas vraiment ce qu'ils veulent ou la vie qu'ils veulent mener. Toutefois, si vous fixez vos objectifs correctement et que vous êtes très précis, le renoncement ne sera pas le modus operandi auquel vous devrez vous habituer et vous adapter.

Prenez une feuille et écrivez en détail ce que vous désirez. Soyez précis. Notez chaque point. Quoi que vous recherchiez, si vous ne voulez pas renoncer au premier obstacle, assurez-vous de respecter cette très importante étape. Visualisez-la clairement dans votre esprit et couchez-la sur papier.

Savoir pourquoi

L'étape suivante pour ne pas renoncer est de savoir pourquoi vous faites les choses. Et il faut que ce soit une bonne raison. Il faut qu'elle soit réelle et profonde. Sinon, vous entendrez la voix du "ça" dans votre tête vous disant d'abandonner et de céder à votre désir le plus profond et à la récompense immédiate.

Par exemple, vous ne pouvez pas dire que vous voulez plus d'argent juste pour être riche. Tout d'abord, ce serait trop abstrait de dire quelque chose comme "gagner plus d'argent" ou "être riche", vous devez en préciser la somme exacte. Quelle que soit la somme, vous ne serez donc jamais à même de supporter la douleur à court terme associée à son accomplissement si vous n'avez pas une raison assez bonne pour l'atteindre. Et qu'est-ce que la richesse ? Pourquoi souhaitez-vous avoir de l'argent ? Des numéros sur un compte en banque, c'est bien, mais qu'est-ce que vous cherchez véritablement à faire avec cela ? Peut-être voulez-vous économiser pour acheter une maison, ou construire un projet qui vous tient à cœur ? Ou est-ce une question d'égo qui vous dicte que plus vous serez riche, plus vous serez admiré et aimé ? L'argent n'est qu'un moyen pour acquérir de nouvelles choses, alors réfléchissez à elles, elles aussi.

En revanche, si on s'éloigne du superficiel et disons que nous voulons obtenir un patrimoine net d'un million d'euros dans les 18 prochains mois, par exemple, l'objectif devient plus réaliste. Et si nous disons que nous voulons l'obtenir pour avoir plus de liberté et de temps à passer avec notre famille, il devient encore plus fort et plus important.

Avoir une valeur nette d'un million d'euros implique que nous aurons la liberté et le temps de faire ce que nous voulons et d'être où nous voulons quand nous le voulons. Cela implique sécurité, liberté et temps. Ça, ce sont des raisons profondes. Trouvez les vôtres et il sera de moins en moins probable d'abandonner.

Décidez comment avancer

Le timing est très important dans la philosophie des Navy SEALs. Dans la vie, le choix du moment peut avoir une incidence sur vos finances, sur les opportunités qu'on vous propose et sur vos relations professionnelles et personnelles. Ne perdez plus de temps choisissez vos priorités, utilisez votre énergie de manière à pouvoir vous occuper de ces priorités.

Lorsque nous voulons accomplir quelque chose, il faut établir comment nous allons nous y prendre. Nul besoin de connaître chaque étape, nous avons juste besoin d'un plan directeur. Sans plan, nous sommes comme un bateau sans gouvernail dans des eaux turbulentes.

Lorsque nous mettons un plan au point, nous avons également beaucoup plus de chances de tenir plus longtemps sans abandonner. Parce qu'un plan bien conçu nous aide à avoir à l'esprit une image plus claire des étapes à franchir pour réaliser nos rêves. Et il nous aide à créer une stratégie pour atteindre nos objectifs.

Prenez par exemple un pilote. Lorsqu'il vole vers sa destination, il a un objectif précis. Il sait où il va, à quelle vitesse il va et pourquoi il va dans cette direction. Il sait comment arriver à destination. Tout est planifié, organisé, déterminé.

L'avion suit une certaine route puisqu'il a un plan de vol. Le pilote a une idée générale de la vitesse et de la direction du vol, tout comme de l'altitude à laquelle il volera pendant un bon moment. Mais que se passe-t-il lorsqu'un imprévu vient bouleverser ce plan ?

En cas de turbulences à 32 000 pieds, l'avion peut monter à 37 000 pieds. En cas d'encombrement du trafic aérien au-dessus d'une grande métropole, l'avion peut dévier légèrement de sa trajectoire. Le pilote suit son plan jusqu'à ce qu'il soit obligé de le modifier en cours de route.

Cependant, sans plan, l'objectif de ce pilote ne peut pas être atteint. Tout comme le pilote, vous avez besoin d'un plan pour ne pas abandonner vos objectifs. Pas besoin d'exactitude pour chaque étape, juste une direction générale.

Une fois que vous avez votre plan, vous devez mesurer et analyser vos progrès, tous les jours. Un avion le fait à chaque seconde, par ordinateur. Tout ce que vous avez à faire, c'est de suivre vos résultats au jour le jour afin de voir le chemin parcouru, où vous en êtes et ce qu'il vous reste à faire.

Inspirez-vous de ceux qui ont réussi

Lorsqu'on poursuit un objectif, on a parfois besoin d'un peu d'inspiration. On ne se souvent pas compte que certaines célébrités ont échoué avant de réussir. La route du succès n'est pas une ligne droite. Elle est semée d'essais et d'erreurs, d'angoisses, de temps d'arrêt et de bouleversements. On tourne, on retourne, encore et encore : le chemin qui mène à nos objectifs est rarement tout droit.

Cependant, connaître des personnes qui avant nous ont surmonté des obstacles apparemment insurmontables et ont réalisé leurs rêves, nous inspire et nous donne un sentiment d'espoir. Mais si nous ne cherchons pas les difficultés dans leur parcours, nous ne pourrons malheureusement jamais les voir.

Les médias ont tendance à encenser les riches célébrités ou les personnes qui ont réussi dans la vie sans parler des difficultés de leur combat avant d'accomplir leur rêve. Recherchez une personne qui a réussi ce que vous essayez d'entreprendre et faites-en une source d'inspiration. L'échec et la persévérance est une chose que peu de médias relatent, et qui fait pourtant partie de la majorité du temps passé à chercher la réussite.

Appuyez-vous sur des sites comme YouTube ou TED Talks pour trouver l'inspiration chez des gens qui ont échoué avant de réussir, et qui ont ouvertement parlé de leur expérience pour motiver les gens sur n'importe quel sujet. Si vous voulez perdre du poids, trouvez des histoires inspirantes sur de vifs succès en matière de perte de poids. Si vous voulez gagner beaucoup d'argent, cherchez la bonne inspiration.

Vous pouvez également utiliser un Vision Board pour y accrocher des images, des citations et des articles sur ce que vous recherchez dans la vie.

Gardez à l'esprit que le subconscient est très puissant, qu'il nous guide vers ce que nous voulons vraiment et ce sur quoi nous nous concentrons dans la vie. Exposez ce Vision Board de telle façon qu'il soit toujours à portée de vue.

Concentrez-vous sur vos habitudes

Souvent, ce sont nos habitudes qui nous tirent le plus vers le bas. Si l'on considère que 40 % de notre comportement est déterminé par nos habitudes, on ne s'étonnera pas que, même en souhaitant changer ou en déclarant que nous allons changer, nous soyons souvent pratiquement incapables de le faire. Ce sont nos habitudes qui nous retiennent.

La solution à ce problème consiste à se focaliser sur les habitudes clés. Elles constituent le terreau où pousseront d'autres bonnes habitudes. Elles ne demandent pas plus d'efforts mais offrent de plus grands avantages. Elles créent en outre un changement fondamental dans notre approche des objectifs.

Elles agissent comme des dominos. Elles permettent non seulement aux autres bonnes habitudes de se multiplier, mais elles travaillent également à supprimer les mauvaises, donnant ainsi une croissance personnelle spectaculaire. Lorsque nous construisons ces habitudes clés et que nous en faisons les pierres angulaires de notre vie, des choses étonnantes commencent à se produire.

Les gens ont le gros défaut d'essayer de s'attaquer à trop de choses en même temps, et trop vite. Ils essaient de passer de zéro à héros du jour au lendemain ou presque. Et cela ne marche bien évidemment jamais. En revanche, en se concentrant sur nos habitudes clés, nos objectifs finissent par passer au premier plan de nos vies au lieu de finir aux oubliettes.

Vous verrez s'opérer une transformation remarquable dans votre vie si vous parvenez à identifier les habitudes clés de vos objectifs.

Persévérez

Vous essuierez des échecs en poursuivant votre rêve et avant d'atteindre votre objectif. Ça ne fait aucun doute, tout le monde en vit à un moment ou à un autre. Mais ce qui compte, ce n'est pas le nombre de fois où vous échouerez, mais le nombre de fois où vous rebondirez. Pratiquez l'art de la persévérance et continuez à mener chaque nouvelle bataille qui se présente.

Nos limites sont souvent purement mentales. Une fois que vous comprendrez comment votre esprit vous joue de sales tours, vous aurez déjà identifié une partie de ce qui vous bloque. Par la suite, il ne tiendra qu'à vous de maintenir ces nouvelles bonnes habitudes et de ne pas abandonner ce que vous désirez vraiment dans la vie.

Trouvez un bon outil pour suivre et gérer votre temps. Le matin, assurez-vous de définir les tâches les plus importantes de votre journée et de vous y attaquer d'abord pour vous en débarrasser. De cette façon, vous vous sentirez beaucoup plus accompli et vous aurez plus d'énergie et de motivation pour le reste de la journée.

Quel que soit votre objectif, sachez qu'il ne sera pas facile à atteindre, *a fortiori* s'il s'agit d'un objectif important et remarquable. Les petits objectifs, eux, sont facilement atteignables. Mais ce sont les objectifs ambitieux qui marquent une modification profonde par rapport à notre état actuel, ceux qui exigent vraiment notre persévérance.

Arrangez-vous pour vous répéter régulièrement que vous n'abandonnerez pas face à la difficulté, quoi qu'il arrive. Trouvez des moyens de rester motivé et inspiré, et continuez à prendre des risques sans crainte. L'essentiel est de ne jamais abandonner, et de toujours vous relever plus que vous ne tomberez.

10. Comment améliorer attention et concentration

Si vous avez déjà eu du mal à accomplir une mission difficile au travail, à préparer un examen important ou à travailler sur un projet particulièrement complexe, vous avez probablement déjà essayé d'améliorer votre capacité de concentration.

La concentration fait référence à l'effort mental que vous dirigez vers ce que vous exécutez ou apprenez à un moment donné. La concentration se confond parfois avec la capacité d'attention, mais la capacité d'attention est plutôt liée à la durée maximale de concentration.

Les facteurs qui influent sur la concentration

La capacité d'attention et la concentration peuvent varier pour un certain nombre de raisons : certains ont des difficultés à ignorer les distractions, mais l'âge ou le manque de sommeil peuvent également affecter la concentration.

Avec l'âge, la plupart des gens oublient plus facilement des informations, et une baisse de concentration peut accompagner cette perte de mémoire. Les traumatismes crâniens ou cérébraux, tels que ceux résultant d'une commotion, ainsi que certains troubles de la santé mentale peuvent également affecter la concentration.

On peut facilement être frustré quand on essaye en vain de se concentrer. Cela peut entraîner stress et irritation, ce qui fait de la concentration une utopie encore plus irréalisable.

Si tout cela vous semble familier, vous devriez probablement vous pencher sur les méthodes fondées sur la recherche pour améliorer votre capacité de concentration. N'oubliez pas que certaines conditions peuvent affecter la concentration, mais qu'il existe des mesures à prendre si vos tentatives semblent infructueuses.

Essayez de voir si vous peinez à vous concentrer à un moment particulier de la journée, comme par exemple peu après le réveil ou le déjeuner, en ayant à l'esprit que l'effort d'une journée entière affectera votre concentration.

Si vous avez remarqué que quelque chose baisse votre capacité à rester concentré à un moment précis, notez-le et réfléchissez-y. Il est important que les pensées négatives restent autant que possible hors de votre tête, tout comme il convient de ne pas remettre au lendemain ce que vous pouvez facilement faire aujourd'hui.

Le dynamisme et la vivacité sont liés, plus vous restez actif, plus la volonté et la capacité à prêter attention à ce qui vous entoure seront forts. Si quoi que ce soit parvient à perturber vos journées, c'est qu'il est temps de faire de l'exercice, de méditer, de lire un bon livre en sirotant un thé vert ou de sortir avec des amis pour vous détendre.

Le principal avantage d'une meilleure concentration est certainement une augmentation de la productivité sur tous les fronts.

Soyez multitâche

Faire plusieurs choses à la fois implique une réduction générale de la concentration sur l'ensemble de nos tâches, mais en même temps demande plus d'énergie pour les terminer. Il a été scientifiquement prouvé qu'il n'est pas possible de faire "deux choses à la fois", mais qu'au contraire, notre cerveau alterne une chose à une autre, sans penser simultanément aux deux.

La plupart d'entre nous sommes capables de faire correctement deux choses à la fois, mais si on en ajoute une troisième, nous commençons alors à en exiger trop de nous-mêmes.

Être multitâche est donc une arme à double tranchant qu'il vaut mieux éviter, si possible, tant au travail que dans la vie quotidienne, afin d'accorder à votre corps et à votre esprit le temps nécessaire pour effectuer une seule action à la fois.

Musclez votre cerveau

Jouer à certains types de jeux qui favorisent le développement de votre cerveau peut vous aider à améliorer votre concentration : essayez donc le sudoku, les mots croisés, les échecs, les casse-têtes, le Scrabble ou d'autres jeux de mémoire.

Les résultats d'une étude menée en 2015 auprès de 4715 adultes laissent entendre que 15 minutes par jour, 5 jours par semaine, consacrées à des activités d'entraînement cérébral peut avoir un impact conséquent sur votre capacité de concentration.

Les jeux d'entraînement cérébral peuvent également vous aider à développer votre mémoire à court et à long terme, ainsi que vos capacités de traitement et de résolution de problèmes.

L'entraînement du cerveau peut également fonctionner pour les enfants. Investissez dans un magazine de casse-tête, faites des mots croisés avec vos enfants ou jouez avec eux à un jeu de mémoire.

Le coloriage aussi peut aider à améliorer la concentration chez les enfants comme chez les adultes. Les enfants plus âgés apprécieront des pages de coloriage plus détaillées, comme celles que l'on trouve dans les livres de coloriage pour adultes. Cet exercice est relaxant car il nous faut être détendu, appliqué et avoir un léger niveau de concentration constant. Vous trouverez même des livres de coloriage pour adultes !

Les effets des jeux d'entraînement de l'esprit peuvent être particulièrement significatifs pour les personnes âgées, car la mémoire et la concentration ont souvent tendance à diminuer avec l'âge.

Une étude de 2014 portant sur 2832 personnes âgées a testé ses participants pendant 10 ans. Les personnes âgées qui ont suivi entre 10 et 14 séances d'entraînement cognitif ont vu leurs capacités cognitives, leur mémoire et leurs capacités de traitement s'améliorer.

Au bout de 10 ans, la plupart des participants à l'étude ont déclaré être capables d'accomplir des tâches quotidiennes au moins aussi bien qu'au début de l'essai, voire mieux.

Améliorez votre sommeil

On ne le répétera jamais assez : le sommeil est la clé de beaucoup de choses. Celui-ci aide notre cerveau à se réparer, à traiter les informations et à se débarrasser des choses négatives que nous vivons. Le sommeil fonctionne un peu comme un grand ménage dans notre tête, chaque nuit. Le manque de sommeil peut facilement perturber la concentration, sans parler des autres fonctions cognitives, comme la mémoire et l'attention. Un manque de sommeil occasionnel peut ne pas causer trop de problèmes. Mais une mauvaise nuit peut tout de même affecter votre humeur et vos performances au travail. Une trop grande fatigue peut même ralentir vos réflexes et nuire à votre capacité à conduire ou à effectuer d'autres tâches quotidiennes.

Un emploi du temps chargé, des problèmes de santé et d'autres facteurs font qu'il est parfois difficile de dormir suffisamment et d'avoir des cycles de sommeil réguliers. Mais il est important que la plupart des nuits, vous essayiez de vous approcher autant que possible du nombre d'heures de sommeil recommandé. De nombreux experts recommandent aux adultes de dormir 7 à 8 heures par nuit. Améliorer la qualité du sommeil peut également apporter d'incroyables avantages : maintenez votre chambre à une température confortable mais fraîche et détendez-vous avant de vous coucher avec de la musique douce, un bain chaud ou un livre. Couchez-vous et levez-vous à la même heure tous les jours, même le week-end si possible, et faites de l'exercice régulièrement, mais évitez le sport intensif juste avant le coucher, car l'adrénaline vous empêcherait de trouver le sommeil.

Prenez le temps de faire de l'exercice

L'amélioration de la concentration fait partie des nombreux mérites d'un exercice régulier. Il bénéficie à tous. Une étude de 2018 portant sur 116 enfants de 10 à 11 ans suggère que l'activité physique quotidienne pourrait améliorer à la fois concentration et attention après seulement 4 semaines.

Une autre étude portant sur des adultes plus âgés laisse entendre qu'une seule année d'activité physique d'aérobie modérée peut contribuer à enrayer, voire à inverser, la perte de mémoire qui survient avec l'atrophie cérébrale liée à l'âge.

N'en faites pas trop : écoutez votre corps

Malgré les recommandations d'exercice aérobique, il vaut toujours mieux faire ce que l'on peut plutôt que de ne rien faire du tout. En fonction de vos objectifs de forme et de poids, vous ferez plus ou moins d'exercice.

Mais il peut également arriver qu'on ne puisse pas faire la quantité d'exercice recommandée, surtout si on souffre de problèmes de santé physique ou mentale.

Si vous avez du mal à trouver du temps pour faire du sport ou si vous ne souhaitez pas vous inscrire dans une salle de gym, essayez de trouver des moyens amusants de faire de l'exercice pendant la journée. En augmentant votre fréquence cardiaque, vous faites du sport. Par exemple, vous pouvez accompagner vos enfants à l'école à pied, vous lever 20 minutes plus tôt pour faire du jogging dans votre quartier, répartir vos courses hebdomadaires sur deux ou trois trajets à pied ou à vélo, ou faire des exercices chez vous avec un tapis et des haltères légers. Idéalement, essayez de faire de l'exercice avant de vous concentrer ou de faire un effort mental.

Passez du temps dans la nature

Si vous souhaitez améliorer votre concentration de manière naturelle, essayez de sortir tous les jours, ne serait-ce que 15 à 20 minutes. Vous pouvez faire une petite balade dans le parc près de chez vous, ou même vous asseoir dans votre jardin ou votre cour intérieure. Passer du temps dans n'importe quel environnement naturel offre d'innombrables bénéfices. En d'autre termes, cherchez les espaces verts.

Les preuves scientifiques confirment de plus en plus l'impact positif des environnements naturels. Des recherches menées en 2014 ont montré que le simple fait de disposer des plantes dans les bureaux contribuait à augmenter la concentration et la productivité des salariés, sans compter l'impact positif sur la fatigue liée au travail et sur la qualité de l'air.

Essayez d'ajouter une ou deux plantes à votre espace de travail ou chez vous, vous en verrez les nombreux avantages. Si vous n'avez pas la main verte, les plantes grasses demandent peu d'entretien.

Les enfants tirent également parti des environnements naturels. Une recherche publiée en 2017 a suivi plus de 1 000 enfants de la naissance à l'âge de 7 ans. L'étude visait à déterminer comment l'exposition permanente à des arbres et aux plantes à la maison ou dans leur quartier affectait la durée d'attention des enfants.

Les résultats de l'étude montrent que les environnements naturels favorisent le développement du cerveau et augmentent l'attention des enfants.

Pratiquez la méditation

La méditation et les pratiques de pleine conscience peuvent offrir de multiples avantages, comme par exemple l'amélioration de la concentration.

Une analyse de 23 études suggère également que l'entraînement à la pleine conscience centrée sur l'attention contribue à améliorer la concentration et cette même attention. La pleine conscience peut également faire progresser la mémoire et d'autres capacités cognitives.

Méditer n'implique pas seulement de s'asseoir en silence les yeux fermés. Le yoga, la respiration profonde et d'autres activités du même type peuvent vous aider à méditer. Si vous avez essayé mais que cela ne vous convient pas, ou si vous n'avez jamais médité auparavant, faites des recherches pour découvrir de nouveaux types de méditation et savoir comment vous y mettre. Vous découvrirez certainement la méthode qui vous convient !

Faites une pause

Comment donc une pause dans son travail ou ses devoirs peut-elle améliorer la concentration ? Cette idée a priori contre-intuitive est pourtant soutenue par de nombreux experts.

Prenez cette situation : vous avez passé quelques heures sur le même projet et petit à petit, votre attention commence à se dissiper. Même s'il est difficile de se concentrer sur votre travail, vous vous forcez à continuer et vous tentez de focaliser votre attention. Mais vos difficultés vous stressent et vous vous tendez à l'idée de ne pas terminer à temps.

Vous êtes sûrement déjà passé par là. La prochaine fois, lorsqu'il vous semble perdre votre concentration, faites une petite pause. Rafraîchissez-vous avec un soda, faites une activité quelconque mais gratifiante, comme faire la vaisselle ou le ménage ou prenez une collation, faites une petite promenade, sortez et prenez le soleil.

Lorsque vous reprendrez le travail, ne vous étonnez pas de vous sentir plus concentré, motivé ou même créatif. Les pauses peuvent contribuer à renforcer ces fonctions et bien plus encore.

Écoutez de la musique

Même si l'on dit que le silence est d'or, les sons autour de nous sont un facteur déterminant de la façon dont nous nous concentrons et enregistrant les informations. Écouter de la musique pendant que vous travaillez ou étudiez peut vous aider à mieux vous concentrer.

Même si vous n'aimez pas écouter de la musique en travaillant, vous pouvez toujours utiliser les sons de la nature ou un bruit de fond comme le bruit blanc pour améliorer votre concentration et d'autres fonctions cérébrales.

Le genre de musique que vous écoutez peut faire toute la différence. Les experts s'accordent à dire que la musique classique, et en particulier la musique baroque, ou les sons de la nature sont des choix judicieux pour vous aider à vous concentrer.

Si la musique classique ne vous plaît pas, essayez la musique d'ambiance ou électro. Gardez le volume assez bas pour qu'elle ne finisse pas par vous distraire. Il est aussi important d'éviter de mettre une musique que vous aimez ou que vous détestez, car elles pourraient détourner votre attention. La musique d'ambiance, comme le lo-fi avec des rythmes simples et agréables peuvent vous aider à focaliser votre concentration sur votre travail, loin de toutes les distractions sonores qui vous entourent. Il existe des casques qui coupent les nuisances sonores extérieures et ne font que laisser passer la musique. Si vous n'aimez pas écouter de la musique lorsque vous étudiez ou travaillez, essayez d'avoir ces casques anti-bruit sur vos oreilles pour encourager votre cerveau à se concentrer uniquement sur ce que vous faites.

Variez votre régime alimentaire

Votre alimentation peut affecter les fonctions cognitives telles que la concentration ou la mémoire. Évitez les aliments transformés, l'excès de sucre et les aliments riches en graisses. Pour améliorer la concentration, essayez de manger plus de poissons gras (comme le saumon et la truite), d'œufs, de myrtilles et d'épinards.

L'hydratation peut également avoir un impact positif sur la concentration. Une simple soif peut altérer la concentration ou la mémorisation d'informations.

Un bon petit-déjeuner peut augmenter votre concentration le matin. Essayez de prendre un repas pauvre en sucres ajoutés et riche en protéines et en fibres. Les flocons d'avoine, le fromage blanc avec des fruits ou les tartines de blé complet avec des œufs sont tous de bons choix pour une collation saine et efficace afin de commencer la journée du bon pied.

Buvez de la caféine

Vous n'êtes pas obligé de l'inclure dans votre régime alimentaire si vous préférez l'éviter, mais la caféine peut évidemment vous aider à améliorer votre concentration.

Si vous sentez que votre concentration commence à faiblir, pensez à boire une tasse de café ou de thé vert. Un carré de chocolat noir (à plus de 75 % de cacao) peut offrir des avantages similaires si vous n'aimez pas les boissons contenant de la caféine.

Une étude de 2017 a montré que les substances phytochimiques naturellement présentes dans le matcha, la poudre de thé vert, améliorent non seulement les fonctions cognitives, mais peuvent aussi favoriser la relaxation. Le matcha peut donc être une bonne alternative si le café a tendance à vous énerver ou si vous ne l'aimez tout simplement pas. La théine est également efficace pour aider à la concentration et l'énergie. On la trouve dans le thé noir et le thé vert. Evitez tout du moins à mettre du sucre dans vos boissons, car cela procurera une lancée d'énergie rapide, et un crash quelques heures après.

Prenez des compléments alimentaires

Certains compléments peuvent aider à favoriser une meilleure concentration et des fonctions cérébrales plus performantes. Nous vous recommandons de consulter votre médecin avant d'essayer tout complément alimentaire, en particulier si vous souffrez de problèmes médicaux ou d'allergies. Un médecin peut étudier avec vous les avantages et les risques possibles de ces compléments alimentaires et vous en recommander un qui réponde à vos besoins spécifiques.

Même si vous pouvez facilement obtenir toutes les vitamines dont vous avez besoin en ajoutant certains aliments à votre régime alimentaire, les compléments alimentaires peuvent vous aider à atteindre vos objectifs d'apport quotidien.

Les compléments alimentaires comme la B12, l'acide folique, la choline, la vitamine K, les flavonoïdes, les acides gras oméga-3 ou l'extrait de graines de guarana peuvent favoriser une meilleure concentration et la bonne santé générale du cerveau. Certes disponibles dans la nourriture, il est pourtant utile de prendre quelques compléments bien sélectionner pour encourager l'absorption de bonnes vitamines. Mais ne vivez pas uniquement de pilules et de sprays, une alimentation riche est variée est la source d'une bonne santé physique et mentale.

dans le monde du multimédia, où tout est disponible tout de suite, la concentration devient de plus en plus difficile à maîtriser. Il est pourtant utile d'entraîner sa concentration à tout âge : il a été démontré que cela aide même les enfants qui ont des difficultés à se concentrer. Cet entraînement mental consiste à consacrer toute son attention à une activité pendant une période donnée. Vous pouvez essayer de dessiner ou de gribouiller pendant 15 minutes, passer quelques minutes à lancer un ballon à une autre personne, réglez un minuteur pour 3 ou 5 minutes pour essayer de cligner des yeux le moins possible. Prenez une sucette ou un bonbon dur et laissez-les fondre et résistant à la tentation de les croquer. Centrez votre attention sur son parfum, sur la sensation du bonbon sur votre langue et au temps qu'il faut pour fondre complètement.

Après avoir réalisé l'une des activités, faites un bref résumé ou un dessin de ce que vous avez ressenti pendant cette expérience. Les jeunes enfants peuvent simplement utiliser les mots pour décrire leurs impressions. Parler du moment où ils ont perdu leur concentration et de comment ils ont réussi à la retrouver peut les aider à développer ces compétences, qu'ils pourront ensuite utiliser dans leurs activités quotidiennes.

Entraîner sa concentration peut également profiter aux adultes, alors n'hésitez pas à l'essayer vous-même. Plus vous vous concentrez, plus vous réussirez à être alerte à votre guise, selon ce que la vie lance dans votre direction.

Les conditions qui influencent la concentration

Les difficultés de concentration peuvent être liées à ce qui se passe autour de vous : les interruptions par vos collègues de travail, les distractions venant de vos colocataires ou de votre famille ou les notifications sur les médias sociaux figurent parmi les responsables.

Mais il est également possible que les difficultés de concentration soient liées à des problèmes de santé mentale ou physique. Parmi les plus courantes, citons :

- Le TDAH (Trouble du Déficit de l'Attention avec ou sans Hyperactivité) peut entraîner des troubles d'apprentissage et de mémoire chez les enfants et les adultes. En général, le TDAH se caractérise par un schéma persistant d'inattention, d'hyperactivité et d'impulsivité.

- Le Dysfonctionnement Cognitif peut affecter la concentration, la mémoire et l'apprentissage. Ces problèmes peuvent inclure des handicaps ou des retards de développement, des lésions cérébrales ou des troubles neurologiques qui entraînent des problèmes liés au fonctionnement du cerveau.

- Les problèmes de santé mentale non pris en charge, tels que la dépression ou l'anxiété se traduisent principalement par des changements d'humeur ou d'autres symptômes émotionnels, mais ils peuvent aussi empêcher concentration, apprentissage et mémorisation de nouvelles informations. On peut également avoir des difficultés à se concentrer au travail ou à l'école si on est très stressé.

- Les commotions cérébrales et autres traumatismes crâniens peuvent affecter la concentration et la mémoire. Il s'agit généralement d'un problème temporaire, mais les difficultés de concentration peuvent persister même après guérison.

- Certains problèmes de vue peuvent avoir pour conséquence des difficultés d'attention et de concentration. Si vous avez plus de mal que d'habitude à vous concentrer, que vous avez souvent des maux de tête ou avez l'impression de loucher, vous devriez sans doute faire appel à un spécialiste pour vérifier votre vue.

Les options de traitement

Si les suggestions ci-dessus pour améliorer la concentration ne vous aident pas autant qu'espéré, envisagez de consulter un professionnel. N'ayez pas peur de demander de l'aide, en particulier si cela est fait par un spécialiste du domaine. Quelque chose de plus grave que les distractions courantes peut influer sur votre capacité de concentration, même si vous n'en êtes pas conscient.

Il peut être utile de commencer à parler à un thérapeute, surtout si vous êtes stressé ou si vous avez remarqué des changements dans votre humeur. Parfois, seul un professionnel qualifié peut remarquer ces symptômes.

De nombreux adultes ne traitent pas leur trouble de l'attention et éprouvent des difficultés à se concentrer ou à focaliser leur attention pendant de longues périodes. Un professionnel de la santé mentale peut vous aider à diagnostiquer ces problèmes et vous aider à entamer un traitement approprié.

Des thérapies, des médicaments homéopathiques et d'autres approches thérapeutiques peuvent aussi contribuer à améliorer ces symptômes une fois le diagnostic posé.

Certains moyens d'améliorer sa concentration peuvent donner de bons résultats, tandis que d'autres ne vous apporteront pas grand-chose. Essayez diverses approches pour voir ce qui vous aide.

Les experts débattent encore des bénéfices de certaines méthodes comme l'entraînement à la concentration. Mais la littérature existante suggère que la plupart de ces exercices peuvent favoriser une amélioration même modeste de la concentration chez de nombreuses personnes.

Ces conseils sont de toute façon peu susceptibles d'altérer votre concentration ou de causer d'autres dommages ; les essayer ne devrait donc avoir aucun effet secondaire négatif.

N'oubliez pas de consulter votre médecin si vous traversez une période difficile ou si vous sentez que vous auriez besoin d'aide et de soutien.

Conclusion

Vous avez peut-être remarqué que lorsque vous faites beaucoup de sport, que ce soit de la musculation, de la course à pied ou tout autre exercice, des callosités apparaissent sur vos mains ou vos pieds. Ceux-ci sont un signe que votre corps s'adapte. Votre peau s'épaissit par endroits très localisés pour vous protéger et vous empêcher de vous blesser facilement.

Ce phénomène se produit également dans notre cerveau. En se mettant dans de difficiles situations d'inconfort, notre cerveau gagne en résistance. C'est pourquoi par exemple, les Navy SEALs se plongent chaque jour volontairement dans des situations inconfortables pour gagner en résistance mentale et en endurance. Ils s'entraînent non seulement pour évoluer physiquement, mais aussi spirituellement et mentalement. Pour résister aux nombreuses situations difficiles auxquelles ils seront confrontés tout au long de leur carrière et de leur vie en général. Chaque situation vécue comme un défi aide la recrue à grandir et à devenir un homme, ou une femme, avec davantage de résilience et de maîtrise de soi. Plus vous vous mettez volontairement des défis, plus votre cerveau sera enclin à les accepter et les surmonter sans peur et sans appréhension.

De nos jours, il est très facile de se démarquer. La génération actuelle ne supporte pas de faire certaines tâches pénibles et manque souvent de volonté même quand elle n'a pas le choix. Elle manque souvent aussi d'autodiscipline : celui qui a la volonté de travailler dur n'aura aucun mal à surpasser ses concurrents. C'est peut-être pour cela que le taux de réussite chez les nouvelles recrues des Navy SEALs est à son plus bas : il nous faut résister à l'oisiveté et à l'hédonisme pour devenir quelqu'un de meilleur, même si la planète toute entière semble constamment nous lancer des pièges pour nous détourner de notre chemin.

Quelle que soit votre ambition, atteindre vos objectifs implique de la discipline. Il faut de la discipline pour travailler dur. Il faut de la discipline pour progresser. Chez les Navy SEALs, la discipline est toujours valorisée. Vous ne pouvez pas vous permettre de céder aux distractions et à la désorganisation si vous voulez être l'élite de la Marine américaine. Cela doit être aussi valable dans votre vie quotidienne. Parfois, cela vous oblige à sortir de votre zone de confort et à vous mettre dans des situations inconfortables, ne craignez pas de le faire !

Je suis sûr qu'une fois que vous l'aurez fait, vous regarderez en arrière et vous écrierez : "C'est tout ?!" Eh bien oui ! Nous imaginons toujours les pires scénarios, et nous ne réalisons pas à quel point nous les inventons de toutes pièces jusqu'à ce que nous essayions de faire ce qui nous fait si peur. C'est là que nous réalisons à quel point c'était facile et le temps nous aurions pu gagner !

A votre succès,

Robert Mercier

Pour conclure, voici un conseil de lecture…

NEURO-DISCIPLINE: Techniques de Biohacking et de Neuroscience pour augmenter votre discipline, construire des habitudes positives et combattre la nature impulsive et distraite de votre cerveau

Pensez-y un instant : est-ce vous qui contrôlez votre cerveau… ou est-ce lui qui vous contrôle ?

Si vous avez des objectifs, des rêves ou des désirs dans la vie…

Et bien… voici la dure vérité : votre cerveau n'est pas prédisposé pour les atteindre. Au contraire, il vous met des bâtons dans les roues. Il est programmé pour survivre dans le moment présent, exactement comme le cerveau de nos ancêtres il y a 2000 ans.

Si vous voulez avoir du succès, il est temps de lutter contre cette tendance primitive et faire de l'autodiscipline votre nouvelle normalité.

Neuro-Discipline raconte l'histoire de notre organe le plus précieux, le cerveau et explique la raison pour laquelle nous sommes prédisposés à la fainéantise et à la procrastination. La clef pour dépasser ce problème est de comprendre les impératifs du cerveau et de travailler avec lui. Biologie et psychologie s'unissent dans ce manuel pour vous fournir des conseils pratiques, utiles et applicables immédiatement.

Comprenez votre cerveau. Changez-le. Formatez-le. Dirigez-le !

Voici un aperçu de ce que vous trouverez dans Neuro- Discipline :

- Comment atteindre votre productivité maximum, en dupant votre cerveau.

- Le rôle de la dopamine et comment l'exploiter pour atteindre vos propres objectifs et non contre vous-même.

- Comment construire une force de volonté sans faille, en partant de zéro.

- Quels sont les biais cognitifs et comment éviter de tomber dans leurs pièges.

- Comment se parler à soi-même et définir son environnement pour être toujours à l'affût.

- Comment reformuler vos excuses et analyser vos réactions émotionnelles.

- Comment obtenir un esprit serein, lucide et brillant, quelle que soit la situation.

- Comment augmenter votre vitesse mentale, penser plus rapidement et prendre de meilleures décisions.

Apprenez à vaincre vos tentations, excuses et faiblesses. Construisez des habitudes saines et positives et luttez contre la nature impulsive et distraite de votre cerveau.

La discipline est quelque chose que nous pouvons tous acquérir. Dans ce livre, vous trouverez des conseils, des exercices, des informations et des astuces provenant des plus grandes études de Biohacking et de Neuroscience. Grâce à ces outils, nous pouvons tous entraîner notre force de volonté, arrêter de procrastiner et avoir du succès dans la vie.

Donc n'attendez pas davantage !

Pour en savoir plus, encadrez le code QR suivant
avec l'appareil photo de votre smartphone.

Fermez-vous la porte de la salle de bain alors même que vous êtes seul à la maison ?

Ou … lorsque vous parlez au téléphone, tournez-vous en rond dans la pièce sans réussir à rester en place ?

Attendez, attendez… inutile de vous inquiéter !

En effet, quelle que soit votre réponse…

Les questions de ce type vous font penser : *« Pourquoi est-ce que je fais ceci ? »* et *« Qu'est-ce que cela signifie pour moi et ma personnalité ? »*

En d'autres termes…

Quelle raison se cache derrière nos comportements ? Malgré tous nos efforts pour « nous connaitre nous-même », la vérité est que, souvent, nous n'en connaissons absolument pas

assez sur notre esprit et encore moins sur celui des autres.

Pourquoi tombons-nous amoureux de celui ou celle qui nous rejette ? Pourquoi avons-nous tendance à procrastiner, prolongeant ainsi notre inconfort avec anxiété et inquiétude ? Pourquoi, parfois, nous ne croyons pas être à la hauteur de quelqu'un ou de quelque chose ?

<u>Dans le « *Manuel de Psychologie Humaine* »</u>, l'auteur met en lumière la nature de l'Homme, parcourant l'intéressante histoire de la psychologie, les grands noms de cette discipline et leurs incroyables découvertes (également les moins connues).

Voilà seulement un aperçu de ce que vous y découvrirez :

- Les meilleurs tests de personnalité : pour découvrir et apprendre davantage sur vous-même et votre caractère ;

- Comment analyser les comportements des personnes pour en déduire la personnalité et les intentions, sans vous faire remarquer ;

- Des études et expériences tant controversées et terrifiantes qui ne pourraient jamais être conduites aujourd'hui ;

- Comment vous faire apprécier de tous, sans pour autant être beau, riche ou célèbre ;

- Les mythes et les mensonges de la psychologie : tout ce qu'ils nous ont enseigné n'est pas vrai ;

- Comment instaurer des relations bénéfiques, en comprenant profondément les dynamiques sociales et de groupe ;

- Les origines étranges des troubles de la personnalité ou de vos inconforts quotidiens ;

- Et beaucoup plus encore !

Certains livres transforment les théories, les principes et les expériences les plus intéressantes de la psychologie en discours ennuyants que même Freud éviterait de lire. Ce manuel, en revanche, élimine les détails ennuyants et les statistiques en vous donnant des leçons de psychologie directes et faciles à comprendre.

Que vous soyez en train de chercher à comprendre la complexité de l'esprit ou simplement désireux de découvrir ce que vous cachent vos amis, ce livre possède toutes les réponses... même celles dont vous ne vous attendez pas.

Aussi, ne perdez plus de temps !

Pour en savoir plus, encadrez le code QR suivant avec l'appareil photo de votre smartphone.

www.ingramcontent.com/pod-product-compliance
Lightning Source LLC
Chambersburg PA
CBHW051049250726
48656CB00001B/225